U0661493

# 新时代大学生心理健康教育与就业、创业教育的整合研究

李 霞 著

北方联合出版传媒（集团）股份有限公司

辽宁科学技术出版社

图书在版编目（CIP）数据

新时代大学生心理健康教育与就业、创业教育的整合研究 / 李霞著． -- 沈阳：辽宁科学技术出版社，2024.
10． -- ISBN 978-7-5591-3848-4

Ⅰ．G444；G647．38

中国国家版本馆 CIP 数据核字第 2024S1U307 号

出版发行：辽宁科学技术出版社
　　　　　（地址：沈阳市和平区十一纬路25号　邮编：110003）
印　刷　者：北京虎彩文化传播有限公司
经　销　者：各地新华书店
幅面尺寸：185mm×260mm
印　　张：11.5
字　　数：320千字
出版时间：2024年10月第1版
印刷时间：2024年10月第1次印刷
策划编辑：王玉宝
责任编辑：康　倩
责任校对：李　红

书　　号：ISBN 978-7-5591-3848-4
定　　价：88.00元

# 内容简介

本书以新时代大学生心理健康教育、就业教育和创业教育为研究对象，共分为
5 个章节，主要阐述了大学生心理健康教育和大学生就业、创业教育的基本情况，
大学生心理健康和就业、创业之间的关系，以及高校在开展大学生心理健康和就业、
创业教育方面的问题和对策等。

# 作者简介

　　李霞，女，于1977年12月出生，中共党员，副教授，西南大学公共事业管理研究生、心理学博士。高校二级学院党委书记，国家高级职业指导师，KAB创业培训师，GEMS互助机构首批培训师，NLP中级心灵教练，GCDF职业规划师，国家二级心理咨询师，云南省KAB讲师团成员，省教育厅"国培计划"人文课讲师，省教育厅心理健康教育专家委员会成员，省委党校演讲与口才课程教师。曾获清华大学全国高校演讲教学研讨暨闻一多先生演讲研讨会公开示范课一等奖，指导学生参加"挑战杯""互联网+"获全国大学生创业大赛银奖，省赛三金、四银、八铜奖。主要承担《思想政治修养与法律基础》《大学生职业生涯规划与就业指导》《大学生KAB创业教育》《心理健康教育》《交流与表达》《企业化职业人塑造》《创业美学》《大学生职业素质拓展》等课程教学，公开发表省级以上学术论文二十余篇，出版专著2部，主编、参编出版教材11本，参与国家级课题1项，主持省教育规划课题1项，参与省哲社课题3项。

# 前　言

自 1977 年全面恢复高考制度后，我国大学生的数量在整体上呈现了稳步增长的趋势。《光明日报》曾经刊登了一篇《1977 年至 2023 年历年高考录取数据变迁》的文章，对每年大学生的人数变化进行了非常详细的统计。1977 年至 1979 年，参加高考的人数分别是 570 万人和 610 万人，在这 570 万人和 610 万人中分别有 27 万人和 40.2 万人被录取。随着我国高考制度的改革和全国受教育水平的不断提升，每年的大学生报考人数在逐渐增加，录取人数同样在逐渐增加，特别是在 2022 年，录取人数达到了 1118.44 万人。大学生录取人数不断增长的同时也带来了一个非常值得让人关注的问题——大学生的就业情况和教育质量。

在过去相当长的一段时间内，大学生的就业情况和教育情况发生了非常大的变化。从最开始的大学毕业包分配到后来的自主找工作，体现了就业制度的变迁。从最开始的注重科学文化知识教育到后来的科学文化知识和思想道德教育协同推进，体现了教育内容的变化。在新时期社会主义教育制度充分应用的大背景下，大学生教育的内容进一步的丰富，特别是增加了心理健康教育和就业创业教育。心理健康教育针对的是大学生心理健康素质，以优良的教育手段加强对大学生的心理健康指导，引导大学生在科学的认知状态下不断完善个人思维以谋求更好的发展空间和生存机会，而这种对生存空间的拓展和对发展机会的获取，本质上就是就业和创业。

随着我国正式实施对外开放的战略，社会主义市场经济体制在我国建立并持续优化。我国的市场经济环境进一步开明，国家不仅鼓励大学生在毕业后积极走上不同的工作岗位以实现人生价值，也提倡大学生在毕业之后利用国家的相关优惠政策尝试创业。创业行为的开展给大学生带来的是物质方面的成功和精神方面的愉悦，对于社会而言则是创造了更多的就业岗位，增加了政府的财政税收。因此，大学生的创业行为从总体而言对所有的有关方都有着积极的作用。而在现阶段大学教育中，针对大学生提前进行心理健康教育和就业、创业指导教育便显得尤为重要，这是确保大学生以积极健康的心理状态顺利完成就业并开展一系列创业行为的重要保障。

# 目　录

# 第一章　走进大学生心理健康教育

进入 21 世纪以来，我国的生活节奏不断加快，人民的生活质量不断提升。如今，繁荣的市场经济让人们有了更多样化的消费需求。在国家经济发展空前繁荣的同时，社会行业之间的竞争压力也逐渐增加。竞争压力的变化和一个社会的文明发展程度往往有非常密切的关系，越是发达的国家，社会成员在某些领域，特别是高端领域的行业之间的竞争越激烈。在这种时代背景下，人们对心理健康的关注度也越来越高。高校大学生心理健康教育也逐渐受到社会的高度重视。特别是近年来，教育部等多个部门陆续出台了多项关于高校大学生心理健康教育工作的要求与意见。中国共产党的二十大报告也明确强调："加强社会心理服务体系建设，培育自尊自信、理性平和、积极向上的社会心态。"在这一时代发展的背景下，关注大学生心理健康水平和大学生心理健康教育显得尤为重要。

## 第一节　心理健康

随着人们健康观念的持续转变，心理健康状况成了一个越来越重要的话题，引起了全社会的共同关注。大学生作为祖国未来和新时代发展的全能型人才，肩负着国家事业发展和建设的重任。良好的心理健康素质是大学生接受优良教育并在岗位中实现人生价值的关键。考虑到这一情况，加强对大学生的心理健康教育尤其重要。

### 一、心理健康的概念

关于心理健康的概念，没有高度统一的标准说法。国内外诸多学者曾经从不同角度对心理健康的定义和内涵进行了阐述。1946 年召开的第三届国际心理卫生大会对心理健康做出了非常明确的定义："所谓心理健康，指的是在身体智能以及情感上与他人的心理健康不相矛盾的范围内，将个人的心境发展成最佳的状态。"世界心理卫生联合会对心理健康的定义："身体、智力和情绪十分调和；能够适应环境，能够在人际关系中彼此谦让，有充分的幸福感，无论在工作中还是职业中能充分发挥个人的能力，过着有效率的生活。"著名精神病学家梅尼格尔则认为："心理健康是指人们对环境及相互间具有最高效率及快乐的适应情况，这不仅要有效率，也不只是要有满足感，更不是愉快接受生活的规范，而是要把这3个方面统筹结合起来。"心理健康的人往往有3个方面的显著特征。①能够保持稳定的情绪。②具备敏锐的洞察力。③适于社会的行为和愉快的氛围。心理学家英格里士则并不认同这一观点，他所理解的心理健康指的是一种持续性的心理状态，当事人在具备这种心理状态的前提下可以良好地适应并具有生命的活力，而且能充分发挥个人的身体潜能，在这种身心状态下能够避免各种心理疾病的出现。上述西方国家学者针对心理健康所进行的描述不尽相同，心理健康的专业领域研究最早源于西方国家，所以在研究领域内往往会有着不同的观点。而当该项研究传入我国时，因为已经有了前人的研究过程作为铺垫，所以我国学者在对心理健康教育的内涵进行归纳分析时便有了更丰富的参考资源，也能做出相对全面的概括和阐述。

我国学者王效道认为，衡量心理健康必须考虑以下几个方面的特征。首先是智力水平处于正常的范围之内。智力不仅是一项生理性素质，更深刻影响着人的心理健康素质，如果一个人的智力是存在缺陷的，那么显然不具备正确反映事物的能力，更谈不上拥有良好的心理健康素质。其次是心理和行为特点与生理年龄基本相符。一个人的心理和行为不仅和他自身的阅历有关，更和人体的成长发展规律密切相关。例如，人在一出生时，大脑结构的发育不完善，所以在较长的一段时间内不具备记忆能力。经过一段时间的发育后，大脑的功能逐渐完善，记忆能力也已经具备，这就是人的心理和行为特点与生理年龄的基本符合。这种符合是人在自然进化中所产生的必然结果，一旦出现与这种结果不符合的情况，便会经过更加详细的调查研究分析其中的问题。最后是情绪稳定且积极，与情境相适应。具备稳定的情绪不仅是一个人走向成熟的表现，更是拥有良好的心理健康素质的典型表现。随着身体的发育和年龄的增长，一个人的阅历是不断丰富的。在阅历不断丰富的同时，人体的各项机能会对各种相关信息进行统筹处理，对问题的看待更加理性且客观，心理健康状态更加良好。

综上所述，无论西方的专业研究人员还是我国心理健康领域的研究学者，对心理健康这一专业名词的规定都是有很大差异的。但这种差异主要表现在具体的描述方面。而抛开具体的描述，他们对心理健康的了解和判断所涉及的一些核心关键词是共通的。比如，西方专家学者在归纳心理健康概念的过程中都明确提到了身体、智力、情绪、环境等一系列因素，我国学者在归纳心理健康概念时也都着重强调了这些关键词。因此，虽然中西方在研究过程中对心理健康的专业名词界定存在一定的差异，但其中涉及的核心概念基本上是相同的。

**二、心理健康的影响因素**

一个人的心理健康水平往往受到多方面因素的影响，但总体可以概括为以下 4 个方面。

**（一）先天遗传的好坏**

先天遗传对一个人的心理健康素质有着非常重要的影响。支持这一理论的观点主要分为两类。一类是性格决定思想论。这种观点认为性格是一个人与生俱来的一种品质，性格虽然会受到后天环境和教育的影响，但一些潜在的思维认知对性格的形成仍然有着比较重要的作用。所谓家族的遗传因子对一个人的影响非常深刻，如果一个人与生俱来便是一种非常保守且消极的人格，那么在面对心理健康问题或其他不良状况时往往会表现出很多负面的特征。另一类则是先天的健康水平论。最典型的莫过于先天的智力发育，以自闭症儿童和正常儿童做对比，可以明显发现自闭症儿童在智力方面的先天发育是比较欠缺的，这种智力上的欠缺导致当事人在后天的心理健康成长发育方面也会表现出一定的特殊性。所以说心理健康会受到先天遗传因素的制约。

**（二）外界刺激的优劣**

外界刺激的优劣主要是指外部环境对当事人身心发展状况所产生的重要影响。如果把目标对象具体为学生，可以进一步阐述为后天的成长环境和教育环境。后天的成长环境质量以及接受的教育整体质量是影响一个人心理健康情况的重要因素。接受的后天教育质量越高，心理健康的整体状况往往也就更好，特别是在面对各种典型的心理健康问题时所采取的应对方针或持有的应对态度会更加科学，这充分体现了教育质量对一个人心理健康素质所产生的重要影响。

**（三）心理素质水平的高低**

所谓心理素质水平主要指的是一个人的心理承受能力。心理承受能力和一个人的思维认知方式有着非常密切的关系，同样在一定程度上受到后天教育的影响。一个人拥有良好的心理素质水平，在很多情况下并不是与生俱来的，而是积极接受优良的后天教育的结果。对此，可以以在比赛场上最为经典的瞬间为例：两支球队进行比赛，当比赛时间只剩最后几秒，双方的比分只有一个进球的差距，落后的一方会默认进攻权属于队伍的核心球员，该核心球员初次担任这种工作往往成功率较低，这就是因为心理素质水平与当下环境不匹配。而随着这种机会的增加以及在平时的各种模拟训练，该核心成员在处理关键球时的能力会更强，这也是其心理健康素质水平进一步提升的具体表现。

（四）心理保健服务的落实

一个人的心理健康素质往往并不是持续不变的，由于实际经历的不同会导致心理健康素质水平出现不同的变化。例如，某个心理健康素质非常好的人在短时间内突然遭到了某种重大的挫折和打击，此时的心理健康素质便会呈现断崖式下跌，而心理保健服务能否及时跟进在此环节至关重要。当一个人的心理健康情况出现问题时，通过外力的干预对其进行有效的疏导，能够剖析问题本身，并围绕当事人所经历的一系列心理健康问题采取有针对性的辅导方案，这能帮助当事人尽快走出阴影，切实维护个人的心理健康。心理健康保健服务的落实在很多时候并不仅仅是一种事发后的应对机制，也可以是事发之前的预防性机制。如果围绕当事人群体能定期开展心理健康的主题保健工作有助于及时发现影响心理健康的各种潜在问题，甚至帮助当事人把刚出现的心理健康问题及时消除。

**三、心理健康标准**

心理健康标准是衡量一个人心理健康程度的参考指标体系，根据相关心理学家的详细研究和理论汇总，将心理健康标准归纳为以下几个方面。

（一）有适度的安全感和自尊心

有适度的安全感和自尊心主要指的是当事人在某种场合或环境中有一定的安全感。这种安全感可以是对他人的信任，对环境的信任，不会用一种过分敏感且多疑的思维观察看待周围的人和事。而自尊是一种自信的表现，指的是自我尊重，不过分贬低自己，不刻意讨好他人，也不会对个人缺乏严重的自信，甚至产生自卑的情绪。

（二）适度自我批评和不过分夸耀自我

适度自我批评和不过分夸耀自我本质上指的是一种内涵——戒骄戒躁。骄傲自满始终是影响一个人更进一步的拦路虎，过分骄傲自满不仅会影响一个人对客观事物的准确判断，甚至会导致个人与他人的关系逐渐恶化。因此，面对问题能够适度自我批评且不过分夸耀自我，是一个人心理健康的重要衡量标准。

（三）在日常生活中有适度主动性且不容易被环境左右

在日常生活中有适度主动性而且不容易被环境所左右体现的是一种人格独立的心理健康品质。在与人交往的过程中能够保持适度主动可以给对方留下热情开朗的主观印象，对后期交往的持续进行有积极作用。不容易被环境左右指的是有独立的思想和形式作风，不会被环境中的某些因素影响个人的判断。

（四）理智、客观，与现实有良好接触，能容忍生活中的打击

抗打击能力是衡量一个人心理健康素质的一项关键标准。人的生活并不是一帆风顺的，在此过程中会面临各种各样的风险和困难，会遭受各种各样的打击。面对这些打击，能够不被击垮并始终保持积极向上的心态是衡量一个人心理健康的重要标准。容忍生活中的打击是指在面对困难、挫折、失败等不利因素时，能够保持冷静、理智、乐观的态度，坚持积极面对、努力克服。具体来说，能够容忍生活中的打击表现为以下几个方面。

（1）能够接受失败和挫折。当遭遇失败时，能够虚心接受失败的现实，勇于面对错误和失败所带来的打击。不轻易放弃，而是从失败中吸取教训，积极寻找解决问题的办法，坚持追求目标。对于挫折和失败的接纳能力非常考验一个人的心智和综合生存能力。具备良好的心理健康素质的人在面对生活中的挫折和打击时，更倾向于在个人的困境和生存中对希望的坚持，不会因为一时的困难和打击而陷入自我怀疑，更不会因为这种打击和困难而一蹶不振。具备良好心理健康能力的人和不具备出色心理健康素质的人在面对生活压力和打击时的反应是全然不同的。所以拥有这种良好健康生活情绪的人也更容易因为这种积极开朗向上的心态而从挫折中恢复，进而能更加快速地跳出这种负面的影响。

（2）保持乐观心态。能够以积极的心态面对生活中的打击。即使遇到困难，也能保持信心和希望，相信自己能够克服困难，努力追求成功。不被负面情绪所左右，保持开朗、积极向上的心态。

（3）忍耐和坚韧不拔。当面对生活中的打击时，能够忍耐一时的痛苦和困难，以更长远的目光和耐心应对。不轻言放弃，坚持不懈地努力，克服困难，追求自己

的事业和目标。

（4）接纳不完美和变化。能够理解生活中的不完美和变化是不可避免的。在面对不如意的时刻，能够宽容并接纳自己和他人的不足之处，理解事物的多变性，保持积极的态度，从中发现机会和希望。

（5）寻求帮助和支持。面对生活中的打击，能够主动向他人寻求帮助和支持，而不是独自承担所有困难。能够与亲人、朋友、同事等建立良好的人际关系，倾诉自己的困扰，从他人的智慧和支持中获取帮助，积极面对生活。

总之，容忍生活中的打击表现为能够接受失败和挫折、保持乐观心态、忍耐和坚韧不拔、接纳不完美和变化、寻求帮助和支持。这是一个成熟、积极、健康的心态，有助于实现个人目标和社会的进步。

### （五）适度接受个人的需要

适度接受个人的需要主要指的是对个人的需求有一个初步的认知。人在实际生活和向前发展的过程中会产生各种各样的需求，这些需求有些是客观的，有些则是难以实现的。一个人能密切分析自身所拥有的各项条件与情况，并判断哪些需求可以得到，哪些需求很难实现，这是心理健康的一个重要标志。适度接受个人的需要，首先需要明确个人的需求是合理合法的。合理的需求是指符合社会法律法规和公序良俗，不侵犯他人权益的需求。合法的需求是指在国家法律法规的范围内享有的个人权益。在这个基础上，适度接受个人的需要应该考虑以下几个方面：首先是适度满足个人需要，即在个人合理需求范围内给予必要的关注和满足，让每个人都能够获得基本的生存、发展和幸福感；其次是合理引导个人需要，即通过合理引导和教育，让个人认识到自身需求与社会责任之间的平衡关系，这样可以帮助每个人更好地理解社会公共利益，避免个人需求的过度追求，同时也能够更好地投身于社会发展和进步；最后是合理限制个人需要，即在保障个人基本权益的前提下，对一些过度追求个人需求的行为进行适度限制。这样可以避免因个人需求的过度膨胀导致不公平、不稳定的社会现象的发生。

总之，适度接受个人的需要是一个综合性的概念，既要尊重和保障个人的权益与需求，又要充分考虑社会公共利益和道德规范，实现个人需求与社会发展的良性互动和平衡，这是促进和谐社会稳定和个人全面发展的重要基础。

（六）有自知之明

有自知之明主要是说一个人在日常生活或与他人相处的过程中能够对个人的综合实力以及在环境中所扮演的角色与地位等一系列细节有一个清楚的认识。自知之明体现的是一种自信、一种智慧、一种良好的心理健康素质。自知之明是指一个人对自己的认知和理解的程度。具体来说，它包括对自己的能力、优点和弱点的清晰的认识，以及对自身的身份、价值观和目标的明确理解。具备自知之明的人能够客观地认识自己，不盲目自大也不自卑自贱，而是能够正确评估自己的能力和局限性，不断进步和成长。具备自知之明的重要性不可忽视。首先，它有助于我们发现自己的优势和潜力，使我们能够更好地利用自身优势来追求成功。同时，自知之明也让我们认识到自己的不足之处，帮助我们识别自身需改进的地方，并采取积极的行动去提高自己。自知之明还有助于建立良好的社会关系。通过认识自己的需求、偏好和价值观，我们能够更好地与他人沟通和合作。同时，正确认识自己也能够增强我们的自信心和自尊心，从而更好地处理与他人的关系，避免不必要的冲突和误解。在个人发展和职业生涯中，自知之明也扮演着重要的角色。通过了解自己的兴趣、天赋和能力，我们能够更好地选择适合自己的职业，并为自己设定适当的目标。同时，自知之明也有助于我们调整和发展自己的技能，提高职业素养，从而更好地适应不断变化的社会和职场环境。

总体而言，自知之明是个人发展的重要基石。它不仅能够帮助我们更好地认识自己，也影响着我们与他人的交往以及职业生涯的发展。只有通过积极的自我认知，我们才能够不断成长，为社会做出更大的贡献。

（七）保证人格的完整与和谐

保证人格的完整与和谐主要是指一个人在生活的过程中能够具备健全的人格并将这种健全的人格始终保持下去。人格的完整与和谐指的是一个人在思想、情感、道德和行为等方面的统一与协调。它要求一个人的思想与情感相一致，道德观念与行为相符合，个人的内心与外在表现能够形成一个完整的整体。人格的完整与和谐是一个人内外一致、内心外表相统一的目标状态。

具体来说，人格的完整与和谐包括以下几个方面：心智的完整与和谐，即一个人的思想、意志和情感之间应该存在相互补充、相互协调的关系，心智的完整与和谐意味着一个人的思维逻辑清晰，情绪稳定，意志力坚强，能够从容应对各种困难和挑战；价值观的完整与和谐，即一个人的价值观念应该与社会主义核心价值观相一致，符合社会的道德规范和法律法规，个人的价值观念应该积极向上，有利于个人和社会的发展，与社会的共同利益相统一；行为的完整与和谐，意味着个人的言行一致，行为表现与内心思想相符合，个人应当诚实守信，言行一致，履行自己的社会责任和道德义务，不做违背社会公德和法律法规的事情；社交关系的完整与和谐，即个人与他人的互动关系应该建立在平等、尊重、协商和合作的基础上，个人应该尊重他人的权利和尊严，与他人和谐相处，积极参与社会活动，为社会和谐稳定做出贡献。人格的完整与和谐是一个人在成长和发展过程中不断努力的目标，它不仅对个人的健康成长和幸福生活具有重要意义，也对社会和谐稳定的建设有着不可忽视的作用。通过提升人格的完整与和谐，每个人都可以成为社会主义核心价值观的传播者和践行者，为社会的进步和发展做出积极的贡献。

（八）有切合实际的生活目标

有切合实际的生活目标体现的是一个人客观、理性、务实的精神品质。每个人在生活中都会制定生活目标和个人发展目标，这些目标对人的成长与发展有着非常重要的导向作用。每实现一个目标，当事人就会获得一定的成就感并激发内在动力进而完成下一个目标。如果目标设置得不符合实际，会因为很难完成而让相关主体大受打击和挫折，从而影响接下来的工作规划和个人的思想素质。

（九）具备一定的经验学习能力

具备一定的经验学习能力主要是指相关主体具备从实际经验中总结技巧和方法的能力。经验学习能力体现的是当事人的反思与总结，能够对过往发生的事情有一个全面且理性的认知，能够对未来即将发生的事情有一个初步的判断并做好准备。这种能力有助于当事人大幅提升完成某件事情的成功概率，强烈认识某件事情所带来的积极作用。

（十）拥有良好的人际关系

拥有良好的人际关系体现的是一个人的社会交际能力，彰显了当事人在与他人交往的过程中所展现出的综合品格与魅力。人际关系在很大程度上与当事人的心理健康素质关系密切。心理健康素质越高，在与人交往的过程中所表现出的应对能力和处理能力也就越强，更容易获得来自他人的肯定和信赖，形成优质的人脉资源。如果心理健康素质非常薄弱，在应对人际交往时便会出现各种问题，这些问题的发生不仅会影响人际交往，更有可能会对当事人的个人思维和实际行为产生一定的负面作用。

# 第二节　大学生心理健康

大学生正处于青年期的初期阶段，往往具有青年期的心理特征。但是大学生和一般的青年人群不同，特别是因为社会阅历的缺乏导致大学生虽然达到了国家法律对青年人群的规定标准，但是相应的生活经验和阅历却是远远不足的。在这种特殊环境的共同作用下，导致大学生变成了一个比较特殊的群体，该群体有着独特的心理特点和发展需求，只有准确掌握大学生的心理发展特征和心理健康标准，才能对其心理健康教育有一个全面的认知，从而制订出更加科学合理的教育辅助方案并引导大学生积极上进。

## 一、大学生心理健康的特征

大学生的心理发展处于迅速走向成熟但并未完全成熟的一个过渡性的关键阶段。大学生此时的身心发展特征整体情况比较复杂，一般可以归纳为以下几个方面。

### （一）智力水平得到了充分的发展

大学生的智力水平得到充分发展是其心理发展的一个重要特征。人的智力由多个方面的因素构成，并受多方面因素的影响。在构成智力的多方面因素中，辨识能力、思维能力和创造能力是最核心的3个部分。抽象思维的形成、思维独立性的增强是智力发展并实现成熟的一个重要标志。大学生的各项智力因素从年龄生长发展阶段来看已经处于最佳成熟的状态，甚至是一个巅峰状态。在这种智力状态下，大学生往往不再满足现象的罗列和现存的情况，而是尝试主动、深入探究事物的本质规律，充分发挥抽象思维能力和创造力，对某些观点或现象发表个人的认识。关于这一点，当下社会在发展过程中有着非常明确的实例佐证。随着我国信息技术的发展和新媒体时代的到来，各大视频平台如雨后春笋般出现，在丰富社会民众日常生活的同时，也为社会民众表达个人的观点提供了一条渠道。越来越多的大学生抓住了这一有利时机投身到自媒体行业，选择历史、社会现象、美妆、金融或科技等领域寻找话题和热点事件并发表个人的观点和见解。这些见解中有相当一部分有着极强的逻辑性和丰富的知识含量，这也就直接表明大学生的智力水平得到了充分发展并维持在一个极为良好的状态。

**（二）情绪情感日益丰富**

情绪情感日益丰富是大学生心理发展的一个重要特征。大学生本人的情绪情感发展已经达到了相对较高的水平并逐渐向成熟的阶段蜕变，此时的学生朝气蓬勃，勇往直前，对友谊更加珍惜，对爱情也更加憧憬，道德感、理智感和美感等高级社会情感趋于成熟并逐渐对个人的情绪生活有越来越强的主导能力。目前我国绝大多数大学采取的都是半开放式的管理，学生完全可以在课余时间到社会上开展一系列的实践性活动。在这些实践性活动过程中，大学生的各种思维品质和情绪情感会进一步丰富。例如，在某次公益性活动中大学生对当下社会的公益活动有了更全面的认识，对公益活动的目标对象在思想情感方面有了更多的共鸣和支持，通过公益活动对我国以人为本的社会主义核心价值观有了更加深入的理解和思考，这都是大学生情绪情感日渐丰富的具体表现。但与此同时，大学生的情绪情感发展并没有真正走向成熟，仍然存在一些比较典型的缺陷，特别是情绪不稳定，遇到事情容易激动，有时候表现出非常充分的愿意为真理而努力奋斗的激情，有时候也会因为无法接受某些客观现实而心灰意冷。

在每一年毕业季即将来临时，都会对大学生的期望薪资和实际薪资进行非常详细的调查。根据 2023 年相关部门发布的大学生期望薪资统计数据，有超过 80% 的大学生都认为在毕业后的工作起薪不低于 8000 元。如果是北、上、广、深、杭、成等一线城市或新一线城市，这一期望工资标准会进一步提升。而且在期望薪资调查中，相当一部分大学生表现出的都是对即将走上工作岗位实现人生价值的无限期待和憧憬。但当真正毕业后，短短几个月的时间，大学生经历了社会求职的基本生态，逐渐认识到之前的期望过高，甚至某些冷门专业所学的知识在参加工作时几乎无任何实质性帮助，对于这一情况，大学生会感到心灰意冷，甚至自暴自弃，这体现的便是情绪不稳定的特征。

**（三）自我意识进一步增强**

大学生心理发展特征的另一个重要方面是自我意识和自我教育能力显著增强，自身的理想明确而且富有社会意义，个人的性格发展已经进入定型的关键时期。与此同时，由于大学生已经脱离了父母的保护，个人生活空间进一步扩大，这种独立感和成人感进一步增强。在这样的环境影响下，学生的注意力逐渐从外部世界转向内心世界，自我控制开始进入一个全新的阶段，并表现出一系列的新特征。这种自我意识的增强在大学生的日常生活与行为中有着非常多样的表现。高校在课程教育方面采取的是必修课和选修课相结合的模式。必修课是学生必须完成的修习科目，而选修课则是学生根据个人爱好和实际学习需要选择的一门课。在大学生选择课程的过程中，主要是基于个人的实际学习需求和对每一门课程内容与作用的综合判断。每一位学生的思维方式不同，所以看待同一门课程所产生的实际想法也有所不同。比如，对市场营销这门课程，不同学生便会有不同的观点。有学生认为个人性格内向，不适合从事销售类工作，所以不选择这门课程；有学生则认为个人性格外向，非常喜欢与他人打交道，所以会选择这门课程；也有学生认为，市场营销更加考验的是一个人的应变能力、对产品的了解程度以及专业的口才，而不是系统性的营销理论，所以不会选择这门课程……总而言之，对同一门课程，不同的学生有不同的观点，这体现出了学生所拥有的自我意识，而且是进一步增强的自我意识。

（四）性意识的进一步增强

大学生的性机能走向成熟，所以自身的性意识进一步增强，在日常的校园学习和实际生活中开始更加关注异性，非常渴望和异性获得交往的机会并获得情感方面的满足。而大学校园相对轻松和开放的管理文化更是为许多大学生结交异性朋友提供了便利条件。但其中也有一些大学生没有正确选择恋爱的时机，所以在感情方面很容易遇到各种问题，产生一定的负面影响。特别是最近几年的校园内，由于感情纠纷而出现校园安全事故，甚至引发悲剧的行为层出不穷，这种悲剧之所以出现，很重要的一个原因就是大学生的两性意识在发展过程中遇到了某些问题，这些问题并没有在第一时间得到化解反而逐渐增加，最终造成了难以挽回的悲剧。

**二、大学生心理健康的衡量标准**

现代社会要求人们具备良好的心理素质，而心理健康是大学生成功发展的需要。那么作为一名新时代的大学生，衡量其心理健康素质的标准又是什么呢？

（一）大学生心理健康标准介绍

根据大学生的心理特征、大学生特定社会角色的要求以及心理健康学的相关理论，大学生心理健康标准主要可以概括为以下 8 个方面。

1. 能够保持较为浓厚的学习兴趣和求知欲望

保持浓厚的学习兴趣和求知欲望是衡量大学生心理健康程度的一个重要标准。

因为大学生虽然是一名成年人，但仍然在系统性接受高等教育，仍然处于受教育的阶段。只要处于受教育的关键阶段，学习便一直都是其面临的一项重要任务。大学生只有努力学习科学文化知识，才能在校园中积极展现自我，在毕业之后参加工作时展现出自身的独特优势，进而获得更加良好的竞争力。作为大学生本人，要深刻认识保持浓厚学习兴趣和求知欲望的必要性，拥有浓郁学习兴趣和求知欲望的学生，其心理健康水平往往相对优良。

2. 能够具备一定的自我接纳意识

自我接纳意识是自我认知的核心意识之一，指的是人对自己以及自己与周围世界关系的全面认知和体验。人贵有自知之明所反映的核心问题便是自我接纳意识。大学生的这种自我接纳意识主要侧重于接纳自身的所有条件，特别是其中的不足之处。例如，某位学生在参与社团活动的过程中发现自身的口语表达能力和社会交际能力与其他同学相比存在较大的差距。而学生能认识到这种差距并接受口语交际能力和人际交往能力与其他学生的巨大差距并专门制订提升这两种能力的个人行动计划，便体现了学生本人具有良好的自我接纳意识。

3. 个人情绪的协调控制能力

情绪影响人的健康，影响人的工作效率，影响人际关系。大学生的日常学习和校园生活的过程中会遇到各种突发性的事件和情况。这些突发的事件和情况会给大学生的情绪带来一定的影响甚至产生巨大的波动。而在此时便非常考验大学生本人的情绪调节控制能力了。对于情绪调控能力较差的大学生，可能一件稀松平常的小事便会引起其强烈的反应，导致大学生出现巨大的情绪变动。而对于情绪调控能力相对较强的学生则不同，虽然他们也有悲、忧、哀、愁等消极体验，但他们能主动调节。同时能适度表达和控制情绪，做到喜不狂、忧不绝、胜不骄、败不馁。这一类的学生不仅情绪调控能力强，而且对各种突发性事件和意外的承受能力也更强。例如，期末考试的挂科对那些情绪调控能力差的学生会是一次巨大的打击，他会想到考试挂科影响自己的评优评先，甚至影响今后的毕业，最终意志消沉。而情绪调控能力强的学生则会淡然处之，认为这不过是偶尔失利，只需要稍作调整即可。

4. 能保持和谐的人际关系，乐于交往

良好的人际关系情况同样是衡量大学生心理健康的重要标准。良好的心理健康情况主要表现为大学生总是能够和他人保持和谐的人际关系并且乐于与他人进行交往，这是衡量大学生心理健康水平的一个重要标志。心理健康的学生乐于与他人交往，能用尊重、信任、友爱、宽容、理解的态度与人相处，能分享、接受和给予爱和友谊，与集体保持协调的关系，能与他人同心协力、合作共事，乐于助人。而心理不健康的学生在人际关系处理方面就相对差一些，由于自身的心理认知存在某些问题，所以这些学生与其他同学所维持的关系往往非常脆弱而且敏感，特别是一旦双方发生了某种摩擦便会影响到这段关系的本质，甚至到达无法修复的地步。拥有此类情况的大学生在校园内几乎没有知心的同学和朋友，而且性格极孤僻，不合群。

5. 能保持完整、统一的人格

人格指人的整体精神面貌。人格完整、统一指人格的构成要素，如气质、能力、性格、理想、信念、人生观等，平衡发展。大学生在大学阶段的学习和生活中能够始终保持良好的精神风貌，能够正确认识个人的能力、性格、理想、信念、人生观等一系列的内容，对这些内容有一个详细的认识和理性的判断并结合个人的当下立场做一个初步的规划，这体现的便是学生本人良好的心理健康素质。

6. 能够具备出色的环境适应能力

环境适应能力包括正确认识环境以及处理个人和环境的关系。心理健康的学生在环境改变时能面对现实，对环境做出客观的认识和评价，使个人行为符合新环境的要求。这种环境适应能力主要指的是大学生对社会环境的适应。虽然自然环境从某种角度上而言也是环境的一种，也能考察一个人的环境适应能力进而评价其心理健康素质，但对自然环境的适应距离大学生而言相对遥远。所以，具备出色的环境适应能力主要表现为大学生在面对新的社会环境时的整体表现情况。例如，每一年的开学季，全国各地的大学生聚在某所学校开启了全新的学习生活，如何在相对较短的时间内适应学校生活的节奏便考察了学生的环境适应能力，具备出色的环境适应能力是大学生具备良好心理健康素质的表现。

7. 心理行为符合年龄特征

人在生命发展的不同年龄阶段，都有相应的心理行为表现。心理健康的人的认识、情感、言行、举止都符合其所处的年龄段。大学生的心理行为符合年龄特征其实在上文中关于心理学的详细分析中便有一定的体现。一个人的心理健康程度和思想认知方式和其自身的成长发育有着非常密切的关系。心理健康的学生精力充沛、勤学好问、反应敏捷、喜欢探索。而过于老成、过于幼稚、过于依赖都是心理不健康的表现。因此，心理行为能够符合大学生的年龄特征是大学生本人具备良好的心理健康素质的一个典型外在表现。

**8.意志健全**

独立健全的意志所体现出的不仅仅是大学生的一种完整人格，更是学生心理健康不断走向成熟的一个科学的标志。大学生意志健全，更容易在实际活动中表现出高度的自觉性、果断性、顽强性和自制力。这些方面的能力和素质有助于大学生更加科学且全面地认识个人在成长发展过程中所遇到的一系列问题并将其有效处理。意志健全的大学生在各种活动中都有自觉的目的性，能适时地做出决定并运用切实有效的方式解决所遇到的问题，能在遇到困难和挫折时做出合理的反应，能在行动中控制情绪和言行，而不是行动盲目、畏惧困难、顽固执拗。

**（二）大学生心理健康的衡量**

大学生正处于生理发育的成熟期和心理发展的过渡期。由于种种原因，会不同程度地产生心理问题。从生理上讲，大学生发育开始成熟，正接近人生的顶峰时期。从心理上讲，他们的心理素质并未完全成熟，正处于走向成熟而又未真正成熟的过渡阶段，反映出许多过渡状态的矛盾性。第一，抽象逻辑思维迅速发展但容易带主观片面性。第二，情绪情感日益丰富但波动性较大。第三，自我意识增强但发展还不成熟。第四，独立性、封闭性、依赖感、归属感同时存在，表现为敢于创新，但比较容易空想，不善于克制；既想窥探别人心中的秘密，又怕别人看穿自己，因而非常容易孤独；自主活动增强，但又容易盲从。从我国当前的社会环境来看，大学生有许多不适应之处，社会上拜金主义、享乐主义、极端个人主义等错误思想对大学校园的冲击，重智轻德、分数至上等错误观念的误导，学习负担和就业竞争造成的压力等，都不同程度地影响大学生的心理。在这种矛盾心理和社会环境的影响下，如果协调不好，或者适应不良，很容易出现心理问题、心理障碍和心理疾病。因此，关心大学生的心理健康问题，帮助大学生掌握自身的心理特点，提高心理承受能力和协调能力，自觉培养健康心理，克服和消除不健康心理因素的影响，是一个非常重要而现实的问题。衡量一名大学生的心理健康情况，需要结合7个方面的内容。

**1.个人心理特征是否符合心理发展的年龄**

一个人的心理特征和自身发展的实际年龄之间往往有着非常密切的关系。这从生物学的角度已经得到了非常确实的论证。人的心理活动从某种角度而言就是一个在不断发展和上升的过程，心理发展的各个阶段所表现出来的质的特征一般叫作心理发展的年龄特征。一个人呱呱坠地，由软弱无力到能够独立行走，从不知不识到有知有识，其心理行为总是随着心理年龄的增长而不断发展变化，表现出与其年龄相符的特点。比如，一岁的小孩子看到父亲生气时，只会感到害怕和不安，而三岁的孩子就会不高兴，向妈妈告状，10 岁的孩子就会直接开口说爸爸不应该这样或那样。再如，儿童的天真活泼，青年的朝气蓬勃，老年人的沉着老练，这些都基本符合各自年龄阶段的特点。如果一个人的认识、情感、言行举止基本符合他的心理年龄特征，可看作是心理健康的表现。反之，则可看作是心理不健康的表现。作为大学生应该热情活泼、精力旺盛、勤学好问、勇于探索、敢于创新，乐于承担社会义务。相反，如果表现出老气横秋、老态龙钟，或者生活不能自理，处处依赖家庭，喜怒无常，可看作是心理异常的表现。

2. 能够完成有效学习和工作

能够完成有效的学习和工作是衡量大学生的心理健康程度的另一项重要指标。这主要体现为一个人的心理健康素质是否有着非常好的外在表现。就大学生自身所经历的实际情况而言，能够完成自身现阶段的主要工作和其他目标是大学生本人在校园生活和个人生涯规划发展过程中要处理的一项非常重要的事务，这也是大学生本人对个人的生活与职业生涯发展规划负责任的表现。就整个大学阶段而言，大学生所要面临的最主要的任务便是努力学习科学文化知识，在日常工作与生活中学会与他人相处。所以，在大学任务的指导下，大学生应该是乐于学习和工作，对学习和工作抱有积极的态度，并充满自信，能将自己的智慧和能力运用到学习和工作中去，从中获得一种满足。学习对于大学生来说是一种乐趣，而不是负担，因为学习的成功会给他们带来喜悦，使他们振奋，这种喜悦之情转而又增加了他们对学习和工作的兴趣，使之向着更高的目标奋进。心理健康的大学生不应因学习、生活中的挫折而产生困惑、焦虑、绝望等情绪障碍，即使遇到困难和阻力，也能够想方设法地克服和排除。而对学习没有兴趣，不能正常学习，或者把学习看成负担，怨天尤人，苦闷失望，其聪明才智得不到正常发挥，可视为心理不健康。

3. 是否拥有正确的自我认知观念

一个人在充分认知世界万物的过程中，首先要正确认知的便是自我本身。所谓当局者迷，旁观者清，对一个人的综合性认知准确是一个人社会生存能力的具体表现，更是在很大程度上影响了一个人在某个团队中的定位以及在团队中的作用和贡献。具备清晰的自我认知，在个人与团队的相处过程中能够摆正自己的位置，能够正确认识到个人应当如何采取何种方式与他人和谐相处。这便是非常出色的团队协作能力和个人认知能力，也是学生在受教育过程中要养成的关键性能力，更应当成为衡量学生心理健康程度的关键性能力。一个人对自己的认识、评价称之为自我观念。心理健康的大学生应该对自己有适当的了解，能正确地认识自己、评价自己。因为只有正确地认识自己，才能根据自己的条件、能力，做自己力所能及的事情，也只有正确地认识自己，才能调动自身内在的潜能，充分发挥自己的聪明才智。例如，我们只有了解了自己的身高，才能知道过门楣时是否应该低头。就是说只有了解了自己的能力，才能清楚自己是否能够完成某项任务。一句话，只有正确了解自己，才能顺利地学习、工作和生活，才能做到既不好高骛远，也不自暴自弃。而自我观念不正确，自我认识不清的人，往往表现为要么自视清高、自以为是，去做自己力所不能及的事情，一旦失败，就怨天怨地；要么自轻自贱、极度自卑，这也不敢做那也不敢做，畏首畏尾，以至于形成沉重的心理负担。大学生不仅要能正确认识自己，还要能够容纳自己，不因自身存在的某些缺陷而厌恶自己。金无足赤，人无完人，每个人都有缺点和不足之处。尽管人们都追求完美，努力发展自己的优秀品质，但仍不能完美无瑕。事实上有一些缺陷是无法弥补的，或者只能做有限的改善。面对这种现实，应该安然接受，坦然处之，并找出自己的长处，扬长而避短，走向自己的应走之路。不要因自己的某种缺陷而终日苦恼，自惭形秽，日益消沉，造成心理障碍。

4. 是否有良好的人际关系

具备良好的人际关系是衡量大学生心理健康程度的一个重要方面，更是在评价大学生心理健康素质的过程中所依据的一个非常重要的参考标准。大学生在校园学习的过程中还伴随着与他人的相处，这种相处就是校园人际关系的维持和运营。大学生具备出色的校园关系维持运营能力自然就在校园关系的维护中更加占有优势，心理健康认知水平也会更高，这也就意味着大学生能够以积极向上的心理状态和活动氛围影响和感染身边的每一位同学，这对大学生的成长与发展是尤其重要的。所以，建立良好的人际关系是与外界交往的必要条件。大学生应该有正常的交往活动，乐于与人交往，与同学建立友好、融洽的人际关系，在社会生活中有自己的同志和朋友，并在与同学、老师、领导以及他人相处时，采取一种尊重、友爱和信任的态度。对自己所在的集体，应该有一种休戚与共的感情，乐于牺牲自己的利益，谋求集体的荣誉和利益，从中得到温暖和友情。一般来说，良好的人际关系有赖于个体对自己和对他人以及两者之间关系的正确认识和评价，能"接纳自己"也能"接纳别人"，才能与人友好相处。当然，每个人都有自己的喜、怒、好、恶以及志趣与追求，在与人相处时往往有所选择。但若走向极端，认为多数人或一切人都不可信，他人皆与己为敌，孤芳自赏，不愿与人交往，不能以诚恳、谦逊、公平、宽容的态度待人，不尊重、不信任他人，总是和同学争执不休，或者贬低他人、嫉妒他人，甚至敌视他人，就会陷于孤独之中。这样的心理就不能说是健康心理了。

**5. 是否具备良好的环境适应能力**

是否具备良好的环境适应能力是考察一位大学生心理健康素质的重要参考依据之一。大学时期的生活对学生的环境适应能力提出了非常明确的要求，特别是一些到偏远地区读大学的学生。在综合考虑这一系列认知因素的基础上。更为重要的是，当大学生毕业走入社会以后，更要尝试学习在整个社会上的发展与生存，这对大学生的生存与发展是尤其关键的。大学生应该和社会保持良好的接触，认识和了解社会，能够适应环境和社会的需要。人作为环境的产物，无时无刻不受环境的影响。作为大学生，应该能够适应周围的环境和社会的需要，使自己的思想、信念、目标和行动能够合乎规律地随着时代的脉搏跳动，而不是一个落伍者。特别是在复杂的社会环境中，应该明确自己所处的地位，了解各种社会规范，自觉运用规范约束自己。如果发现自己的需求与社会规范、社会需要发生冲突或矛盾或违反某种规范时，应及时抛弃或修改自己的计划，消除不良欲望以谋求与社会的一致，而不应逃避现实，自我封闭，或一意孤行。那些为了实现个人欲望而不惜采取反社会的态度，不顾社会道德规范和法律的约束，妄想强求的人就会成为越轨者，必然严重影响自己健康心理的发展。

**6. 情绪反应是否正常**

一个人的情绪反应是否正常是很多情况下衡量其心理健康素质和个人应变能力的一项重要的参考依据。特别是对大学生而言，具备良好的心理素质和情绪调控能力是其走向成熟的一个非常关键的标志。大学生无论是在大学校园里还是走入社会以后都会面临各种问题和考验。大学生面对这些问题和考验时，若表现出非常稳定的情绪控制能力和反应能力，对其融入社会生活与发展很有帮助。在一般情况下，大学生的内部心理结构总是平衡和协调的，能保持比较平静的心境，清醒的头脑和控制行为的自觉性。当然，处于学习阶段的大学生，常常会因为挫折和失败而显得情绪低落，这是正常的情绪反应。心理健康的大学生，能比较快地重新适应，不会深陷悲哀之中而不能自拔。

### 7. 是否具有完整的人格

是否具有完整的人格是衡量一个人心理健康标准的一个重要参考依据，这是从心理学的角度对一个人的人格和心理健康程度做出的非常详细的归纳与强调。具备完整的人格才能在与他人交往的过程中表现得游刃有余，无论在个人观点的输出，还是在应对他人各种情况和问题时才能表现出镇定自若的精神气质，就算身处逆境也能正确看待目前所经历的一系列困难和危险，对于事物的发展前途和本质有一个清晰的认知和判断。人格是个人能力、气质、性格等心理特征的总和，它是个人社会化的结果。人格有表现于外部的，给人以印象的特点，也有外部未显露的，可以间接测得和验证的特点。这些稳定而异于他人的内部自我和外部行为特点是统一的，它使人的行为具有一定的倾向性，表现了一个人的本质和面貌。心理健康的大学生应具备完整的人格，即他（她）的人格特点是有机统一的、稳定的，他所想的、说的、做的是表里如一、言行一致的。这种完整人格的表现对于大学生来说，就是应具有正确的人生观和信念，并以此为中心把自己的需要、愿望、思想、目标和行动统一起来，形成远大理想和抱负。一般来说，人生观和信念一经形成，就具有相对的稳定性，而个人的需要和愿望等，则会随着时间、环境的变化而改变。但是，这种改变应该与其人生观和信念相一致，并体现一个人的人生观和信念，表现为行为与其内在信念的统一。否则，愿望背弃了信念，行为和思想相矛盾，言行不一，表里不合，就会导致人格分裂，这样的心理就称不上健康了。

## 第三节　大学生心理健康问题

### 一、大学生常见的心理健康问题

在个体发展的过程中，由于内部因素和外部因素的共同影响与干扰，人的心理功能受阻碍的情况经常发生。所以，每个人都可能在不同的时期、不同的条件下产生某些不够健康的心理状态。这种不健康的心理状态产生本身有一定的合理性，因为情绪和情感是人作为一种高级生物所持有的思想意识，不仅有积极的情感元素，还有负面消极的情感元素。所以，心理健康问题的产生本身具有一定的合理性，如果说一个人，在其一生中都没有产生过任何心理健康方面的问题，这反而是比较荒唐的，不切合实际的。心理健康问题并没有传统认知上的那么严重，是要结合不同的条件和不同的表现形式做详细分析的。根据心理功能受阻碍的程度，可以把不健康的心理状态分为心理问题、心理障碍和心理疾病 3 个层次。

（一）心理问题

一般的心理问题指的是人们暂时性出现心理失衡的现象。这种现象的产生和人所处的环境、经历有非常密切的关系。但这种现象的产生往往只是一时的，通过人体的自我调节或他人的简单开导便可以立刻得到缓解。在大学生常见的心理健康问题中这是最基本的问题形式，甚至从某种角度来说，是每一个大学生在日常学习与生活中都会经历的事情，都会出现的情况。例如，某学院的篮球队和另一学院的篮球队相约比赛，双方之间的实力存在明显差距，但在比赛场上，实力占优的一方却由于某种因素遗憾输掉了比赛。这种情景在生活中屡见不鲜。而面对这一结果，整体实力占优的一方肯定在短时间内无法接受，因为这对他们而言是一种打击，和之前设想的情况完全不同。但是这种打击感和挫败感并不会持续很长的时间，因为比赛的进行必然意味着胜利和失败，不可能存在双赢的局面。学生在参加篮球运动时也完全认可这一规则，所以即便失败，也会立刻将原因归纳为临场发挥不佳、关键球的战术处理有问题、对方球员的手感好等一系列因素，这些因素会对己方球员起到开脱的效果，大大减轻这一事件带来的负面影响。所以，这种负面情绪虽然存在，但不会持续很长的时间，而这种心理失衡的现象就是心理问题的其中一种。除此之外，在某次考试中发挥失常导致挂科、参加集体活动时由于个人发挥不佳影响了集体的荣誉、在与异性交往的过程中经受了情感方面的打击等一系列的事件都会造成人的心理短暂失衡，也属于心理问题的一种。但这种问题只是一种常规的现象，往往不会产生巨大的负面效果，更不会给个人或周围的人带来某种巨大的损失和负面影响。甚至从某种角度可以将这种暂时性的心理失衡归纳为正常心理状态的一种，因为一个人的思想情感或情绪不可能长期保持稳定，都会因为外部因素和自身思维变化产生一定的波动。所以，当这些问题产生时，其心理功能一般不会受到损害，这些负面的问题经过主体个人的调解或者他人的及时干预能够得到解决。

（二）心理障碍

心理障碍是大学生心理健康问题的另一种重要层次，是相对于心理问题程度进一步加深的层次。心理障碍主要是指心理功能发生局部障碍的表现。心理障碍之所以出现，很重要的一个原因是个人调节水平的下降。人体都会有一定的自我调节能力，这种调节能力不只是身体器官功能上的调节能力（维持人体功能的平衡与正常），同时也包括心理因素方面的调节能力（维持个人良好的身心健康状态）。在上文关于心理问题的研究阐述中，之所以说对心理问题的出现不必引起强烈的恐慌或采取过激的应对措施，就是考虑到人体的自我调节功能。情绪会因为一个人的调节自行解决其中存在的负面因素和问题，维持个人良好的身心健康状态。

但是，如果一个人的自我调节能力比较有限，或在某种环境或因素的影响下逐渐下降，产生缺陷，对心理问题的认知和调解能力便大大降低，最终导致心理问题长期积攒，进一步恶化。这就像水坝和洪水之间的关系，水坝代表的是一个人的自我调节能力，当负面的心理问题或情绪产生时，水坝全功率运转，能够把顺流而下的洪水及时排空，维持水库的安全水位线。如果水坝的排水功能受到了影响，导致无法排掉所有的洪水，那么必然会导致水库的安全水位线被突破，从而产生决堤的危险。当一个人的自我调节能力逐渐下降时，便会产生一定的心理障碍，而具有心理障碍的人在从事某些活动时会表现出明显的不适应，特别是针对这些不适应所表现出的反应极为异常，最终的活动效果也会因为这种异常的身心状态受到很大的影响。例如，考试焦虑症是相当一部分大学生都会出现的问题。特别是那些平时不认真学习，逃课旷课的学生，在学期末考试即将来临之际会利用一切时间高强度地复习本学期所学习的所有专业课知识。但在短短数日之内要想牢固掌握一个学期的多门专业课知识显然是不现实的，所以此时学生不仅会维持高强度的学习状态，更会产生严重的焦虑情绪。对于那些自我调节能力非常有限的学生，这种焦虑情绪在短时间内无法释放出来便会压抑在内心深处，一方面造成巨大的内部精神消耗，另一方面也会影响个人与他人的相处。例如，一个人晚上到规定的时间不睡觉，仍然坚持高强度复习，而其他室友认为休息受到影响便出言劝止，反而遭到了非常强硬的回复甚至是语言冲突。这种情况在我国大学校园内屡见不鲜，而这种情况出现的一个重要原因便是心理障碍的存在。心理障碍比心理问题严重程度更高，而且考虑到心理障碍的出现正是因为个人的自我调节能力不正常所导致的，所以在应对心理障碍的过程中一般主要采取外力干预的方式。

### （三）心理疾病

心理疾病是心理障碍的进一步发展，主要指的是心理功能出现严重障碍的表现。如果一个人心中存在的负面情绪始终没有得到化解，而且由于自我调节能力有限，外部的辅助干预措施落实也不到位，最终导致心理障碍愈发严重，出现了心理方面的疾病。心理疾病是因为外部刺激过强或严重心理失调这两个方面的因素所致。

#### 1. 外部刺激过强

外部刺激过强主要指的是某件事的发生对当事人形成了非常大的打击，这种打击主要是来自精神方面的，这会导致当事人在很长的一段时间内一蹶不振，甚至产生自我怀疑、自我否定、看待事情悲观、丧失希望等一系列问题。在近代西方有一个非常知名的人物——尼采。尼采被人称为十九世纪最后一位大哲学家，他用一生的时间研究哲学，有着极为辉煌的成就，有着极高的学术地位。尼采在晚年曾经把他毕生的哲学思想和研究成果编写成了一本书——《查拉图斯特拉如是说》，并将其交到出版社出版。但这本书的销售情况却非常惨淡，尼采猜测可能是这本书中涉及的专业理论过多，即便是同行人也很难读懂，外行人更是不知所云。于是便专门针对这部书撰写了多部用于解释书中理论和专业名词的批注性书籍……但这本书最终的销售情况仍然非常惨淡，最后被出版社退了回来。这件事情对尼采产生了巨大的打击，尼采最终承受不住这种压力，于1889年在意大利都灵发疯了，并于一年后去世。尼采的悲剧就是由于外部世界刺激过强所导致的严重心理障碍最终引发心理疾病。因为在尼采本人看来，《查拉图斯特拉如是说》是他毕生的心血，是他的得意之作，在出版之后必然会受到社会的追捧，受到各层面人士的尊敬。但最后的事实发展和尼采预想的完全相反，所以这给他带来了巨大的冲击，更是一种刺激，出现了心理的疾病。

#### 2. 个人的精神内耗持续增加

与直接的外部世界刺激导致人出现心理疾病有所不同的是，个人的精神内耗持续增加同样可能会引发一系列的心理问题。而个人的精神内耗之所以产生，很大程度上是因为个人思想认知敏感以及外部世界过于苛责这两个方面的原因。

（1）个人思想认知敏感

个人思想认知敏感是由于个人的心理健康协调能力出现下降而产生的。最典型的莫过于被迫害妄想症。例如，一个人在和被迫害妄想症的患者交流时，做出了一个把手伸进上衣兜里的动作。如果被迫害妄想症患者和这个人的关系非常普通甚至刚认识不久，便有可能认为对方此时将手伸入口袋中肯定是要拿出某种物品甚至是凶器来伤害自己。但事实并非如此，因为按照正常人的思维，在与他人交谈的过程中把手伸进自己的衣服兜里是一个非常自然的动作，甚至不会引起对方关注，更不会对其进行深入的思考和分析的动作。而这只是一种非常严重的由于个人思想认知敏感所导致的精神内耗增加的案例。除此之外，内心敏感但没有上升到心理疾病的人，如果长期保持在这种精神状态下也会导致个人的精神内耗持续增加并最终产生各种各样的心理疾病。例如，某个思想敏感的人在外出时总会认为背后的人是在跟踪自己，于是便故意停留等到对方从面前经过，这同样是一种内心敏感的表现，如果这种敏感的内心状态一直持续会导致当事人的精神内耗增加，甚至产生心理疾病。

（2）外部压力所导致的个人精神内耗

由于外部压力所导致的个人精神内耗同样是产生心理疾病的一个重要原因。这种外部压力往往是无形的，而且没有强制性，主要是个体在群体中综合相关认知所产生的一种潜意识的生存方式和行为规则。而这种生存方式和行为规则会导致当事人长期处于一种精神紧绷的高压状态下，最终产生持续性的精神内耗甚至引发一系列的心理健康问题。例如，近些年社会上有一个热词叫行业内卷。所谓行业内卷指的就是外部压力骤然提升所导致的个人精神内耗。假设某当事人在某段时间内的工作时长是八小时，但到了下班的时间后，发现其他同事都选择了加班，而且这种加班让其他同事在工资收入、岗位晋升等一系列方面获得了巨大的优势。而这就对当事人本人带来了一种无形的压力，因为当事人本人也有强烈的提升收入、岗位晋升的工作意愿，为了完成这一意愿或在激烈的公司竞争中不被裁员，他只能加入加班的队伍中。而长时间的高强度工作会导致人的精神出现不同程度的内耗，对那些自我调节能力相对较低且获得外部辅助相对有限的人，这种精神内耗便会逐渐成为精神压力甚至心理问题。这对大学生而言同样如此，如果一个寝室内的某一位学生贪玩打游戏，但其他学生每天起早贪黑刻苦学习，并且因为这一点享受到了更多的优惠和便利，这名学生的思维和行为也会受到影响。整个寝室内的所有学生都会完成高强度的学习，如果其中存在思想敏感或心理调节能力薄弱的学生，便很容易出现各种心理认知方面的障碍，甚至出现心理疾病或其他问题。

综上所述，心理问题、心理障碍和心理疾病是大学生心理健康问题的3种表现。这3种表现不仅是并列的关系，更是相互递进的关系。心理问题程度最轻，但出现该问题的学生人数最多，甚至可以说每一位大学生都曾经面临过心理问题；心理障碍严重程度相对于心理问题加重，出现该问题的学生人数相对前者减少，一般需要他人的介入以解决心理障碍；心理疾病则最为严重，出现该问题的学生人数相对于前两种问题是最少的，拥有该问题的学生自我心理调节能力几乎为零，非常依赖外部世界的心理帮助，甚至需要服用药物。

### 二、大学生心理健康问题的危害

大学生的心理健康问题如果无法得到有效的缓解，其产生的危害是不容忽视的。这种危害有多方面的表现，但总体可以概括为对自身的危害和对非自身的危害。

#### （一）对自身的危害

大学生的心理健康问题所产生的危害首先影响的是个人。对个人的影响又可以进一步表现为对个人身体的影响和对个人心理的影响。

1. 大学生心理健康问题对个人身体的影响

大学生存在的某些心理健康问题会直接影响个人的身体状态。具体的影响程度需要结合心理健康问题的严重程度做评价。总体来看，大学生的心理健康问题程度越轻，对身体所产生的危害也就越小，甚至可以忽略不计。但如果大学生的心理健康问题越重，对身体所产生的危害也就越大。关于这一点，下面列举两个具有对比意义的案例。

小王是一名刚入学的新生。在入学分配寝室的一天，他发现某一位室友的家庭情况非常优越，不仅使用的品牌手机高达数千元，穿的衣服也都是数百元甚至上千元的名牌。这让小王极其羡慕，也渴望拥有像那样比较丰富的物质生活。但自身的家庭条件又非常普通，于是便决定攒钱买名牌产品。为了赚到更多的钱，她不得已严格控制每一天的花销，吃饭只吃白米饭，几乎不吃任何配菜。没过一段时间，她就感觉身体逐渐消瘦，个人精神也变得愈发萎靡。

小李原本是一个非常开朗阳光的男孩，但由于一次生病落下了后遗症，导致他走路有点瘸，他为此感到非常懊恼，甚至总感觉走在路上也会受到他人异样的眼光。

久而久之，整个人变得非常闭塞，不喜欢与其他同学交流。随着时间的持续，这种思想观念在其心中愈发根深蒂固，甚至认为在毕业后走上工作岗位同样会因为这一问题受到同事的排挤和打压，于是便有了轻生的念头，但好在同寝室的室友发现及时才制止了他的行为，避免了悲剧的发生。

这两个案例都是非常典型的心理健康对个人身体影响的案例，两个案例中的当事人都存在一定的心理健康问题，但这种问题的严重程度却有着明显不同。小王的心理健康问题是盲目与其他同学攀比，而在这种攀比心理的持续影响下产生了超前消费的念头，最终不得不严格控制个人在日常生活中的花销，导致身体营养摄入不足，整个人精神萎靡，异常憔悴。而小李则不同。小李由于某次突然的变故，产生了巨大的心理阴影和创伤，这种心理健康问题的严重程度更高，而且一直没有得到有效的缓解和释放，导致这种心理问题长期挤压甚至成了一种心理障碍，变成了一种心理疾病。在这种严重的心理障碍持续影响下，小李最终产生了轻生的念头。由此可知，大学生的心理健康问题对个人身体的影响会随着心理健康问题本身的严重程度而变化。

2. 大学生心理健康问题对个人心理的影响

大学生的心理健康问题对个人心理所产生的影响是更直接的。因为任何的心理问题在产生的过程中都会伴随一系列的心理情绪波动和变化，当这种变化出现时往往意味着一定的心理斗争和反复权衡，这也充分体现了心理健康状况对个人心理变化的影响。心理健康问题对个人心理的影响往往是进一步加剧心理问题的程度。下面介绍一个典型的案例。

小张原本是一个非常积极开朗的大学生，他最喜欢的运动是打篮球，也非常喜欢在课余时间和其他同学在操场上打比赛。一次偶然的机会，小张从队友那里得知参与各项篮球比赛的竞猜得到了一笔不菲的收入，可以买一双最新款的高价品牌球鞋。于是小张在强烈的物欲冲击下也开始加入竞猜的队伍中。刚开始，他只是投注几十元，但很快，他觉得下注太小回报太少，于是便数百元地下注，甚至在此过程中了解到了网赌。而此时已经深陷其中的小王并没有认识到危害，而是继续投入网赌中企图回本并获利，最终变成拆东墙补西墙，欠了高额的外债，整个人整天精神恍惚，极为暴躁易怒，感觉生活失去了希望。

在该案例中，小张最开始只是受其他同学的影响出现了心理方面的波动，在虚荣心的驱使下在相对正规的平台投注竞猜，但在获利和亏损的反复持续下，他的这种心理健康问题被持续放大，进而导致产生更加极端的想法，而这种极端想法的产生最后带来的是更加严重的亏损和远远超出其承受能力的惨痛结果，导致其个人心理和情绪受到了巨大的打击。因此，心理健康问题的发生会对一个人的心理健康产生巨大的影响，这种影响同样和问题本身的严重程度密切相关。如果当事人不具备非常出色的自我调节能力或及时寻求外人帮助，问题很容易扩大从而引发更加严重的恶劣后果。

（二）对非自身的危害

心理健康问题不仅会对当事人的身体状态和心理状态产生极大的负面影响，更是会影响周围的环境或其他人。综合来看，这种危害主要包括对大学生本人家庭的危害、对大学生自身周围人际关系的危害、对大学生所处的区域小环境的危害以及对整个社会层次所造成的危害。这些危害并不是同时产生的，需要根据大学生心理健康问题的表现形式和严重程度进行更加详细的审视。

1. 对家庭的危害

大学生的心理健康问题所产生的一种严重危害是对家庭的危害。家庭是学生成长发育的摇篮，有着学生最亲近、最密切的人。所以，学生的个人思想无论是正面的还是负面的都会在第一时间以不同的形式反馈到家庭中。特别是心理健康存在问题的学生，心理健康问题所产生的负面影响往往也会在第一时间作用到其家庭中并产生巨大的危害。最典型的莫过于长期处于错误家庭教育方式下的学生。家庭教育方式对学生的观念认知形成有着非常重要的作用。假设某位学生家长采取的是专制型的教育策略，在与学生相处的过程中总是以家长的绝对权威强制要求学生接受或屈服，甚至把子女作为个人发泄负面情感的一种工具和途径。在这种家庭环境下成长起来的学生都会表现出不同形式、不同程度的心理健康问题。或者是过分内向自卑，或者是对父母的教育方式久久不能释怀甚至产生怨恨心理。而当子女长大成人以后，面对父母之前所强加的各种错误的教育方式和价值观，便会采用一种极端的方式回复。例如，在学生幼时，当家庭成员之间针对某件事情出现分歧时，父母会厉声呵斥甚至动手殴打子女以实现意见的统一。而当子女长大成人，同样面临家庭成员之间针对某件事情产生分歧这件事，子女也会采用非常强硬的方式和父母沟通，或者爆发激烈的争吵或者用离家出走表示对父母的不满和抗议。但不管何种方式，都会对家庭成员之间的关系造成影响，影响父母的思想情绪甚至是身体健康，这也是心理健康问题给家庭带来的危害。

2. 对人际关系的危害

对人际关系的危害主要是指大学生的心理健康问题对其自身的人脉和社会交往关系所产生的危害。良好的人际关系维持对大学生有着非常重要的意义和作用，不仅能让大学生的在校学习和日常生活更加顺利，同时也能积攒一定的人脉资源，为毕业后谋求更高的发展或更优质的就业机会做好铺垫。而心理健康方面存在的问题则会对大学生的人际关系形成一定的危害，特别是破坏大学生的人际关系网。例如，某位学生由于家庭环境优越进而产生一种莫名的优越感，对于那些经济条件远远不如自己的学生会有歧视的心理。而这种歧视的心理又通过一系列的行为表现出来，最终导致该同学在整个学校内并不受其他同学欢迎，几乎没有朋友。心理健康问题的存在除了进一步限制了个人的人际交往圈以外，还可能导致个人与其他同学的关系恶化。最典型的莫过于寝室矛盾，寝室矛盾源于日常生活中的摩擦，但也源于大学生存在的心理健康问题，正是这些心理健康问题始终无法得到有效解决才会对寝室其他同学的某种正常活动产生误解，进而成为爆发矛盾的根源。

3. 对周围环境的危害

大学生的一些心理健康问题同样会对周围的环境产生不良的影响。这种环境往往指的是大学生所处的周围小环境。因为一个普通大学生的能量和影响力都是有限的，只能影响与个人接触最密切的人群，无法深刻影响更大的环境范围。但这种对周围环境的影响同样是不可忽视的。因为环境的影响具有很强的传染性，一旦某一位大学生在某个环境中受到了影响，他会把这种影响带入个人所处的其他环境中进而影响环境中的其他人。因为一名大学生所处的环境是非常复杂且多样的，这就会造成某个环境中的某种影响可以通过具体的人作为传播的媒介进而拓展到多个环境中。而现实生活中也不乏这样的案例。例如，某寝室的甲同学沉迷于网络游戏，不但利用周末闲暇时间打游戏，还经常逃课打游戏。同寝室的乙学生受到了甲同学的影响，也逐渐开始沉迷于网络游戏。乙同学和其他寝室的丙同学关系非常要好，所以在日常接触中便经常向丙同学介绍游戏中的相关情况，而丙同学受此影响也加入了打游戏的队伍中。丙同学的同寝室室友丁同学也因为丙同学的游戏行为受到了影响而加入了打游戏的队伍中。如此一来，一开始只是甲同学一个人的沉迷于网络游戏的行为，到最后却变成了不同形式的多名同学共同沉迷于网络游戏的行为。而过度沉迷于网络游戏显然是一种心理健康问题，这种问题无法得到有效的遏制甚至在学生周围的小环境内传播，进而影响到了更多的人，这也就是对整个环境的危害。除了这种人文性的环境受到影响外，自然环境受到影响同样也是非常典型的。比如，某位学生有一定的反社会人格倾向，凡是社会主流价值观所提倡的，他都要背道而驰。无论是学校还是社会上都提倡节约资源保护环境，但这名学生却在实际生活中大肆浪费资源，污染环境，这也是对周围环境的危害，是由于个人的心理健康存在问题进而对物质环境所造成的危害。

4. 对整个社会的危害

对整个社会的危害主要指的是一个人的心理健康问题如果到了难以缓解的地步，便很容易通过某种形式对整个社会产生极其深远的危害。这种危害既可能损害社会主流的意识形态价值观，也可能损害社会大众的生命财产和健康安全。例如，2010年左右，我国南方某市发生了一起大学生持刀劫持医生的事件。该事件的起因非常简单：大学生吴某在星期天骑自行车到学校附近游玩，在过马路时却不小心撞倒了一位正常行走的老人。交警赶到事发现场后对事故做出处理，认为大学生应当对本次事故负主要责任，并带领老人到医院接受检查。来到医院后，主治医生赵某告知大学生需要交付数千元的检查费用和治疗费用。该费用远远超过了大学生的经济承受能力，于是他便持刀劫持了医生……对这件事情进行客观分析，我们会发现整个案例中的其他相关者本身并无错误，而大学生吴某之所以做出这种过激的行为就是因为内心敏感，认为自身行为所带来的后果远远超出了个人行为能力后所做出的一些过激反应。但这种过激反应却严重伤害了身边其他人的利益，影响了无辜者的生命安全。

### 三、大学生心理健康问题的成因

大学生心理健康出现问题的原因是多方面的，也是比较复杂的。因为每一名大学生的思维方式、生活阅历和个人经历都不相同，所以即便在外表现出某些思维方面的问题或行为方面的问题，也并不能保证这些问题的原因是相同的。经过对大学生心理健康问题的详细归纳和整理，主要归纳出了以下几个方面的原因。

（一）个体原因

大学阶段，当学生面临生活学业、交往、爱情、就业等多方面的压力与挑战时，多数同学能够及时调整自我，较好适应大学时期的学习与生活，但也有部分学生不能及时调整身心状态，导致出现不同程度的心理问题，深究原因，与学生的个体身心素质有着非常密切的关系。原因主要包括以下5点。

1. 遗传因素与生理因素

遗传因素和生理因素是影响大学生身心健康状态水平的一个重要因素，甚至在很多情况下是不可控制的自然性因素。这一方面的典型代表是各种遗传性疾病，由于现代医学很难治愈遗传性疾病，患有遗传性疾病的大学生某种身体功能会出现缺陷，而身体功能存在的缺陷导致了这些大学生的思想认知也出现了一些问题。

2. 自我意识不完善

部分大学生自我意识发展不完善，时常表现出自我矛盾或走极端，如缺乏自信心，常以己之短比人之长；或自我膨胀，看不起别人，以自我为中心等。有的大学生由于自我意识不健全，缺乏必要的自控能力，对大学生活感到迷茫，为了摆脱空虚寂寞，盲目恋爱或沉迷于网络，导致不良后果。

3. 不良个性心理特征

不良个性心理特征主要是指大学生在与他人交往的过程中表现出的自卑、自负、嫉妒、孤僻、偏激等一系列的思想或行为。这些行为也都反映了大学生拥有一定的心理健康问题，特别是女生。很多女大学生都非常在意个人的外表，如果发现某位女生的衣品打扮受到了多位异性甚至是同性的称赞，便会产生一定的嫉妒情绪，也有可能因为自身条件与之相差甚远而产生自卑情绪。

4. 环境适应能力相对较差

环境适应能力相对较差同样容易导致大学生的个人认知出现一定的问题。从中学到大学，大学生都要面临生活环境、学习环境和人际交往环境等方面的巨大变化。适应能力比较强的大学生会积极适应这种新变化，主动与环境融为一体，而适应能力相对薄弱的大学生则会在此过程中表现出各种各样的问题，甚至会认为环境对个人非常排斥，从而游离于整个环境之外，并造成一系列的适应障碍。

5. 自我调节能力相对较低

自我调节能力是当大学生遇到各种心理健康问题时能够进行自我调整的能力。在大学校园生活中遇到各类问题是很常见的，甚至从某种角度来看是无法避免的。但当这一类的情况和问题发生时，学生要具备良好的自我调节能力，将负面的思想元素和情绪及时化解，有效维护个人的身心健康状态。但极个别大学生的自我调节能力相对较低，导致负面的情绪状态长时间积压进而变成了难以忽视的问题。

（二）家庭原因

原生家庭对大学生的成长有着非常重要的影响。原生家庭环境将直接影响人的成长与发展，特别是影响人的思想观念和价值观的形成。总体来看，家庭从以下5个方面对学生心理健康问题产生影响。

1. 家庭教育方式不恰当

家庭教育方式直接影响着一个人的行为方式和思想认知方式。而按照对家庭教养方式的研究可以将其分为民主型、专制型、溺爱型和放任型。这4种家庭教养方式中，只有民主型才有助于子女的健康成长和良好的思想素质形成。其他3种都会对子女的成长造成不同程度和不同形式的负面影响。例如，专制型家庭教育主要体现为父母对子女的绝对权威。这种家庭家长会认为子女只不过是个人的私人财产，并不是一个独立的人。作为家长有权决定子女的一切活动。如果子女出现某种违反的行为，轻则严厉谩骂，重则出手殴打。在这种家庭环境下成长起来的学生往往会带有自卑情绪和暴力倾向，本身就有一定的心理健康问题。

2. 家庭关系不融洽

家庭成员之间的关系融洽与否也深刻影响着一个人的思想认知方式和价值判断。如果家庭关系融洽，家庭成员之间能够始终维持一种民主和谐的管理氛围。长期处于这种积极健康的氛围下，子女的思想情感认知也会产生积极的转变。如果家庭成员之间的关系并不融洽，子女的思想观念同样会受到负面的影响。最典型的莫过于家庭成员之间的矛盾冲突，长期的矛盾冲突不仅可能导致家庭的支离破碎，甚至会影响子女的认知和实际行为。

3. 家庭结构的变化

所谓家庭结构变化主要是指家长双方的婚姻出现了某些问题，这些问题最终导致整个家庭破裂。子女在单亲家庭的背景下长大成人。而单亲家庭在教育方式上和教育理念上往往就有一定的问题。一个人在成长过程中会得到父爱与母爱，这是两种完全不同的爱，缺一不可。家庭的破碎导致其中一种爱的缺失进而影响了子女的成长。而且如果父母其中一方把家庭与婚姻的不幸归咎于子女，甚至将子女作为宣泄负面情感的突破口，会进一步加重子女的思想情绪负担。而从社会的角度来看，单亲家庭的子女往往在与他人相处的过程中会表现出不自信，甚至可能会遭到极个别同学的歧视。

**4. 家庭经济情况的负面影响**

在大学生中，绝大多数学生的家庭经济状况基本相当。但也不乏家庭物质条件非常优越的学生存在。而其中一些家境优越者过分依赖家里并且对家庭条件不如自身者非常不屑，所以更容易在日常生活中表现出不思进取、奢侈享受、行为懒散等一系列的问题。

**5. 家庭生活事件的影响**

家庭生活事件主要是指大学生在校学习生活期间突然受到了家庭中发生的某些事件的影响，而且这些事情往往都比较重大进而导致学生本人的思想认知和心理健康状况都受到了影响。这一部分最典型的代表莫过于家庭在面临某个重大问题时的抉择，而且学生家中的生活实践对学生本人的影响很难被其他人所察觉，如果学生本人没有主动说出或请求其他人的帮助，也很难被他人重视并在第一时间伸出援手。

**（三）学校方面的原因**

大学生所经历的一个重要环境是学校，学校方面的因素自然也会成为导致大学生心理健康问题的一个重要原因。学校方面的原因主要包括以下4点。

**1. 中学教育的遗留问题**

中学教育在实施过程中有很多问题遗漏。特别是现阶段，我国虽然在整个义务教育阶段已经明确提出了以培养学生学科核心素养为根本目的的教育理念，开启了学校教育由知识本位转向核心素养本位的新篇章，但在实践过程中却发现有相当一部分的学校仍然以传统的应试教育为主导，只培养学生的科学文化成绩，忽视心理健康素质。这就导致极个别学生在学校中无法得到有效的心理健康教育从而产生一系列的心理健康问题。

**2. 大学管理体制的问题**

大学管理体制存在问题是大学生心理健康情况出现问题的另一项重要原因。我国高校教育的一个重要核心理念是坚持以人为本。以人为本的思想在高校日常管理过程中主要表现为半开放式的模式。大学的管理体制往往非常宽松，这是不少向往自由的大学生最理想的管理模式。但是在这种宽松的管理体制下，由于学生的自我管理能力不强，所以在宽松的环境氛围下出现了过度放纵自我的现象。除此之外，个别高校管理者管理方式不科学且态度粗暴，导致了大学生的负面情绪进一步增加，引起了不良的管理后果，也滋生了很多的心理健康问题。

3. 大学中的教与学之间的错位

大学教育在知识传授方面所具有的一个重要形式便是自主学习。大学是一个开放交流的平台，更是一个向学生提供非常丰富的学习资源的平台。在这一平台上，学生可以充分利用一切的优质资源开展各种科学文化知识的学习。但这同样要求学生本人要具备一定的自觉意识和自主学习能力。但在中学时期，学生所开展的学习行为往往是被动式接受而不是主动式吸收。甚至在选择大学专业的过程中，学生都不能自立自助。有些大学生的专业是由家人决定的，有些大学生所选择的专业是他人推荐的，大学生本人是否喜欢该专业并不重要。而有些来自偏远地区的大学生虽然在当地的学习成绩非常优异，但却在进入大学后发现跟不上教师的教学进度，感到学习吃力，从而出现了一系列的心理健康问题。

4. 大学校园环境的问题

有些大学在校园环境建设方面的投入是不足的。但不可否认，一方面，大学校园环境对大学的生活质量有着非常重要的影响。特别是随着近些年我国大学的扩招政策持续开展，导致学校自身的居住设施配套并不到位，有些学校存在宿舍拥挤的情况。而拥挤的宿舍和整体有限的硬件设施资源导致学生之间爆发各种矛盾冲突的概率进一步提升。另一方面，校外周边环境同样对大学生的日常行为和心理活动有着重要的影响。最典型的莫过于在学校附近的一些网吧、娱乐场所，这些场地往往传播非常不健康的文化观念，大学生如果在其中受到某些影响也会滋生不良的情绪，甚至久而久之出现心理健康方面的问题。

（四）社会方面的原因

一个人的成长与发展是离不开社会的。因为人就是一种社会性的群居动物，这是从生物学的视角对人做出的一种明确定义。人的生存发展过程就是人在社会上与他人相处并实现自我目标的过程。所以社会上的环境和相关情景会影响大学生的心理健康情况。主要概括为以下几个方面。

1. 社会竞争进一步加剧

社会竞争进一步加剧是导致大学生心理健康情况出现问题的一个重要原因。特别是进入新世纪以来，我国的社会发展层次相对过往有了很大的提升，社会行业之间的竞争关系也愈加激烈。大学生在这种情况下所面临的就业竞争压力是进一步增加的，特别是会产生不安全感和无能为力感，同样也会产生对未来和前途的迷茫，而其中的极个别大学生便会因此产生心理方面的问题。

**2. 社会不公平现象**

虽然我国社会主义在中国共产党的领导下取得了辉煌的成就，但我国仍然处于社会主义的初级阶段，在某些方面的制度是不完善的，所以导致仍然存在一些不公平的现象。最典型的莫过于分配制度不合理、权钱交易、人情世故等一系列的负面因素导致大学生的世界观产生动摇。因为在大学生接受教育的十数年中，他们眼中的世界是非常公平的，但当真正走向社会后还认识到现实中存在着一系列现象，思想产生动摇甚至引发心理健康问题。

**3. 价值观多元化的影响**

当今社会的快速发展导致整个社会意识形态的价值观也出现了多元化的发展趋势。特别是随着我国和世界各国的联系进一步加深，西方国家的文化理念和价值观念也开始在国内传播。躺平理论、个人英雄主义、功利主义和享乐思想等一系列对大学生心理产生负面影响的价值观会改变大学生的思维认知方式，甚至产生一系列的问题。

**4. 不健康文化产品的蔓延**

健康的文化会给人积极向上的精神力量，能够对一个人的精神世界和价值观产生有效的熏陶和塑造，但在近年以来，一些文艺作品为了博取流量，在内容制作方面呈现庸俗化、低级化、充斥着暴力等一系列不健康不文明的元素，这导致大学生逐渐迷失自我，进而出现了一系列的心理问题。

## 第四节　大学生心理健康教育

### 一、大学生心理健康教育界定

（一）大学生心理健康教育的概念

随着我国教育改革的持续推进，相关部门愈发注重对心理健康教育方面的研究。从 20 世纪 80 年代开始，我国政府每年都会针对心理健康教育工作的开展颁布了一系列的新政策，特别是确保心理健康教育水平可以和时代发展的脚步保持一致，从而促进大学生心理健康教育的全面深化，促进大学生心理健康素质的全面提升。

在 2002 年，我国颁布了《普通高等学校大学生心理健康教育工作实施纲要》，并在其中确切地对大学生的心理健康教育进行了规范化的研究，特别是指出了对大学生心理状况进行充分了解的重要性，从大学生的实际情况出发对其心理健康教育的方案进行科学制订。秉持这一教育思路不仅有助于大学生的心理问题及时被学校发现，更主要的是帮助大学生灵活处理当前阶段的各种心理问题，缓解其心理压力和学习方面的压力，从而引导大学生更好融入周围环境并处理好人际关系，同时也实现个人情绪的稳定。

结合对文件中内容的理解，大学生心理健康教育主要包括 4 个方面的内容。

1. 加强心理健康教育宣传

通过科学的宣传和引导让越来越多的大学生对心理健康教育的相关内容准确把握，特别是认识到大学生开展心理健康教育的重要意义，完成这一系列的工作，培养大学生对心理健康方面形成确切的认知。

2. 加强对大学生心理健康教育工作的技能性

在对大学生开展心理健康教育的过程中要讲究技巧和方法，不断完善当下的心理健康教育模式，更好地和大学生进行互动交流，特别是要准确把握当下大学生所具有的心理方面的问题和心理动态，全面提升大学生的心理承受能力和抗挫折能力。

3. 有针对性地解决大学生的异常心理现象

在通过各种科学的途径和方法对大学生的负面情绪因素和心理健康问题进行深入研究的基础上，采取科学有效的措施分析这些问题的成因，特别是认识如何解决这些问题，探讨出一条科学的应对之法，真正做到切实维护大学生的心理健康水平。

4. 差异性开展心理健康教育

由于不同的大学生所面临的环境和自身的成长经历有所不同，所以在对大学生开展心理健康教育的过程中也要采取不同的策略和方法。特别是考虑到大学生心理健康问题的出现和自身的认知思维有着非常密切的关系，故而更加需要理解这种密切的关系，并在此基础上系统性整合教育方法，从而做到有针对性地教育和辅导。

（二）大学生心理健康教育的理论依据

在开展大学生心理健康教育的过程中，高校会按照国家教育部门颁布的相关文件统筹部署科学的教学计划，但在部署教学计划的同时也尤为注重以科学的教育理论为指导。只有从根源上确保整个教育理论的科学性，才能最大程度上保障实际的教育计划在落实过程中能够行之有效，能够真正发挥出对大学生心理健康的积极辅助作用。

1. 马克思主义之人的全面发展理论

人的全面发展理论是德国著名思想家马克思提出的。该理论的提出进一步丰富了历史唯物主义的思想体系。由马克思和恩格斯所共同创立的人的全面发展思想理论贯穿于人的能力与意识形成的全过程和发展的全过程。人的全面发展理论实际上指的是全面发展其才能，而这种全面发展的才能不仅仅指的是道德、智力、情操和体力等方面，更是强调人的一切才能，最具代表性的莫过于能力、素质和个性。马克思和恩格斯在《德意志意识形态》一书中阐述："人们只有在社会中并通过社会来获得他们自己的发展。"这一论述充分肯定了人的社会性，也成了"人是一切社会关系的总和"这一哲学理论提出的一个坚实的思想来源。马克思和恩格斯的全面发展理论的表现可以归纳为人的体力和智力的全面发展、社会关系的全面发展、人的需求的全面发展、个体与社会的统一全面发展、人与社会的发展、实现个体本身的发展以及促进人与社会的稳定发展。人与社会环境是紧密联系的，这种紧密联系既可以表现为相互依存，也可以表现为相互制约。人的发展是社会关系中的实现，所以人在一定的社会环境中才能存在并创造价值。这是马克思人的全面发展理论的思想精髓。

大学生处于健康心理成长和建立独立人格的关键时期，学校所处的校园环境中的人际关系直接决定学生的发展。而把握人的本质是理解马克思主义人的全面发展理论的前提，人是发展的主体。对高校大学生而言，充分掌握教育主体的本质、特征和需求是非常重要的，特别是在掌握这些情况的基础上正确认识自身存在的优点和缺点，这样做可以进一步提升社会活力，精准把握大学这4年的关键时期，特别是不满足于单方面的优点，不会因为相对于其他学生而具有某种突出的优势而沾沾自喜，反而是在认识到自身优势的同时，能够认识到自身存在哪些不足并针对这些不足做一些自我性的提升和完善。这对心理健康教育有着极为重要的参考价值。因为心理健康教育的重要目标就是引导心理健康水平相对较低的学生通过学习专业知识和方法的方式认识到个人在行为方式上存在的一些问题，而后针对这些问题做出及时的调整和改变，所以，可以将学生接受心理健康教育的过程看作一个在认识自身优势的同时积极弥补自身不足的过程，或是一个在认识自身优势的同时为将来可能出现的问题和不足之处做应对准备的过程。

2. 马斯洛需求层次理论

亚伯拉罕·马斯洛是美国著名的心理学家，在整个心理学界有着极为崇高的学术地位，他所开展的学术研究工作也取得了丰硕的成果并且得到了行业的认可和推崇。根据马斯洛在《动机与人格》这部书中的描述，需求层次理论应运而生。需求层次理论主要包括人的生理需求、安全需求、情感需求、爱的需求和自我实现需求。这5种需求方式是按人的需求从低到高依次排列的。所谓从低到高主要指的是人的各种需求被满足的先后顺序，因为在马斯洛看来一个人在不同的时期会产生不同的需求，这些需求不仅和当时的背景环境有关，还和任何一个人的阶段性发展特征以及自然发展规律密切相关。所以在人产生需求的过程中不同的需求会有一个比较明显的时间阶段。人最开始想要得到的需求是生理性需求，也就是繁殖。这是一种本能性的需求。在这种需求得到满足的基础上进一步对安全需求提出明确的要求，而在安全需求得到满足后提出了情感方面的需求，进而提出了爱的需求和自我实现的需求。所以综合来看，最先满足的需求可以视为低需求，而之后依次得到满足的需求可以视为较高的需求。只有低需求得到了满足，高需求才会得到满足。马斯洛认为："自我实现可以归入人对自我发挥和完成欲望，也就是一种使他的潜力得以实现的主观倾向。"

马斯洛的需求层次理论为高校开展心理健康教育提供了一个非常坚实的系统性理论支持，最核心的知识点在于启发教育工作者在开展心理健康教育的过程中要始终坚持以学生为本的理念，特别是要重点考虑学生的主观情感体验，尊重学生在成长过程中产生的不同层次的需求，注重激发学生的主观能动性，引导学生在充满关爱和尊重的人文环境中进行情感互动和思想交流，通过思想提升和健康人格塑造帮助学生自我实现。

**二、大学生心理健康教育的目标**

大学生心理健康教育的目标是普及心理健康方面的相关知识，全面增强大学生的自我调适能力，特别是帮助大学生解决身心健康发展过程中遇到的各种潜在心理问题，提升大学生心理健康水平与综合素质，实现大学生的健康成长和全面发展。从这一角度来看，心理健康教育必须以优化大学生的心理素质为基本出发点，以促进大学生的全面主动发展和顺利社会化为最终的目标与归宿。在这一目标制定体系的指导下，大学生心理健康教育的目标可以分为以下 3 个层次。

（一）初级目标

初级目标主要是防治各种心理疾病。大学生心理健康教育的初级目标是有效预防各种心理性的疾病，能够维护学生本人的心理健康水平，这是大学生心理健康教育的根本性目标，也是整个心理健康教育最大的特色，更是实现大学生心理健康教育的其他目标的一个重要基础。当代大学生既处于社会变革的时代背景下，又处于人生发展的一个过渡时期。在此关键阶段，大学生面临的心理冲击是比较大的，而且如果这种心理的冲击持续时间过长且无法得到外部的有效帮助就可能会引发一系列的心理问题或不良的心理反应，进而导致各种心理疾病的出现。当心理疾病出现时往往会对学生本人的身体健康和心理健康以及他人的身体健康和心理健康产生巨大的危害。心理健康教育可以对心理疾病产生一定的预防和治疗作用。

对心理疾病的预防和治疗具体表现为以下几个方面。

1. 对一些错误的心理认知进行纠正

这主要是针对心理健康问题处于前期阶段的学生而言的。一般而言，心理疾病往往有两种途径产生：一种是突然遭受某种巨大的打击；另一种则是日常生活中的各种负面小情绪不断积累从而量变引起质变。而前者这种因为遭受巨大打击而出现心理疾病很容易被学生周围的人认识到。例如，某位学生家庭发生重大变故，当这种变故发生的第一时间学校教师会通过联系家长等渠道得知。而一个正常的学生在遭受如此重大变故时也会和平时有判若两人的表现，这种表现会立刻引起身边其他同学的注意，进而通过询问得知详细情况。然而无论何种形式，学生所经历的这种巨大变故可以被身边的人认识到，于是学校或其他同学都可以立刻采取相应的辅导措施，帮助这名学生走出阴影。关键的是第二种，这种心理疾病是由于日常生活中心理小问题不断叠加产生的，一些不引人注意的小问题在某位学生心中耿耿于怀，最终导致了心理疾病的出现。而心理健康教育的开展就是针对这种小问题发挥预防作用的。例如，某位学生的私人物品不经意间被其他同学损坏，对于这一问题该同学始终耿耿于怀。而在学校组织的心理健康教育课程中提到了类似的案例，而该案例给出的明确做法就是当个人的利益受到影响时要主动说出来，要尝试先和对方进行沟通，而不是默不作声，怀恨在心。这位同学就很可能因为接受了心理健康教育反思个人的行为是否得当，甚至会因为案例中的启发与当事人沟通，从而避免了负面的心理问题的积攒，大大减少了心理疾病发生的可能。

2. 对一些程度较轻的错误思想认知进行教育

在心理健康教育的实施过程中也能对学生目前已经产生的但程度较轻的负面的情绪状态产生一定的教育辅助作用。最典型的莫过于大学寝室中的摩擦问题，由于大学寝室里的人际关系相对比较复杂，所以综合处理各种人际关系对学生的健康成长与发展有了非常重要的作用。心理健康教育的开展会把大学寝室中的各种问题作为典型案例详细剖析，同时也能为学生以科学的方法处理寝室中的问题提供一定的策略指导和参考，避免了寝室矛盾的进一步激化。

（二）中级目标

心理健康教育的终极目标主要是指进一步完善心理调节。大学生心理健康教育的中级目标是指导学生深化对自己、他人和社会的了解，掌握自我调节的方法，优化心理素质，提高挫折承受力，增进社会适应能力，进而促进学生整体素质的全面发展。而实现这一系列工作的核心关键在于成熟的心理认知能力和专业的心理调节能力。这也是衡量一个大学生从青涩走向成熟的重要指标。一个人的心理调节能力是随着年龄的增长不断完善的，在幼年和少年时期，一个人几乎不具备相关的心理调节能力，每当遇到心理方面的问题时非常需要家人的帮助或老师的辅导。随着学生的自主认知水平不断提升，特别是接受良好的教育，学到了更多的知识，学生此时已经具备了一定的心理调节能力。学生在校园生活中不仅要学习科学文化知识，更要熟练掌握与他人相处的技能。而与他人相处的过程中便非常锻炼学生的自我认知能力和心理调节能力。等到了大学阶段，学生已经具备了一定的自主调节能力，只不过需要通过教育的力量加强进一步的引导和塑造，对学生的个人思维和实际行为产生更加强有力的指导和帮助。在大学教育的过程中，心理健康教育正是站在学生之前的受教育成果的基础上开展更加深入的研究探讨，特别是当学生具备一定的心理调节能力时，进一步提升这种调节能力，真正形成强大的心理素质和健康的思想认知观念。

具体而言，终极目标的实施主要通过性格品质的优化，提高德育的有效性；通过心理调适能力的强化，促进智育的高效化；通过健康心态的培养，促进健康的全面化；通过内在动力的激发，促进自我发展的主动化；通过行为习惯的优化，促进个体的顺利社会化。这些方面详细阐述了终极目标的相关内容，也在很大程度上体现了在针对大学生心理健康问题开展教育的过程中所要坚持的基本方面。当代大学生在学习、交友、恋爱、择业等一系列生活事件中常会遇到挫折，由此而产生心理困扰。这种情况的发生是很正常，而且在很多情况下是不需要第三方进行干预的，因为学生本人就具备一定的心理调节能力和应变能力。但从总体上看，也要认识到部分大学生心理尚未发展成熟，自我调节能力尚不完善，所以挫折引发的情绪波动常常十分强烈，从而影响大学生的正常生活和健康成长。最典型的莫过于独生子女家庭或特殊家庭的学生。独生子女家庭出身的大学生在成长过程中能够得到父母无微不至的关怀和爱，所以在与人相处的过程中往往会有一定的思想认知偏差，认为大学里的同学和朋友也应当像父母那样以自我为中心，特别是在溺爱的家庭环境下成长起来的经历导致这部分学生的心理抗打击能力比较弱。除了独生子女家庭以外，单亲家庭和留守家庭的学生在个人思想认知方面同样也存在相关的问题，只不过这些问题的表现形式有所不同。而大学生心理健康教育的终极目标针对的便是这一问题，能够帮助这一部分学生进一步完善心理调节能力，正确处理个人与他人之间的关系。因此，大学生心理健康教育的中级目标显得尤为重要。

（三）最终目标

高校开展心理健康教育的最终目标是促进心理发展，这也是心理健康教育在应用过程中的最高层次目标。心理健康教育的最终目标从某种程度上而言和大学的教育目标之间是高度统一的。新时期，我国高校教育开展的一项重要理念是培养符合社会主义建设所需要的优质人才和全能性人才。所谓全能型人才就是指思想道德素质过硬、科学文化素质突出的人才。而思想道德素质所包含的重要内容之一便是积极向上的思想情感和良好的身心健康状态。所以，在大学教育过程中往往会把科学文化知识教育和思想道德与心理健康教育统筹结合起来，从而确保每一位走上社会工作的高校毕业生都具备良好的各项素质。而大学生心理健康素质便是其中重要的一种。大学生心理健康教育的最终目标是健全个体，适应社会，开发学生的各种潜能，促进心理发展。心理素质的进一步发展意味着大学生思想素质的全面提升，从而形成健全的人格，同时能够满足国家教育部门或上级教育部门对大学生人才培养的基本要求。同时，保持对客观社会积极、主动地适应，实现个性化和社会化的和谐与统一。由于当代大学生自身存在某些弱点和局限，常常会影响他们的适应与发展，阻碍其潜力的发挥。大学生心理健康教育的最终目标就是帮助大学生认清自己的潜力，保持良好的心态和健康的生活方式，全面而充分地健全自己、完善人格。

以最终目标为导向的心理发展主要有以下几个表现形式。

1. 看待问题的思维更加成熟

大学生在看待问题或分析问题的过程中不再以片面的思想感情为主导，而是更加关注对事物本身的性质研究以及从这种研究过程中产生的一种全新的认知和感受，能够站在相对客观的角度分析个人在生活中或学习中遇到的一些典型的问题。

2. 在处理个人关系与他人关系时表现得更加理性

大学生心理品质得到进一步发展的另一个重要标志体现在社会交往领域，主要是大学生本人能够正确看待个人和集体之间的关系，特别是结合相关情况或条件对个人或对集体的作用以及集体中的相关元素对个人的影响有一个全面的认知和判断，这是大学生具备更加成熟思维的表现，是大学生自身综合素质得到进一步发展的表现。

3. 能够坚决树立明确的人生规划和发展目标

大学生无论是在制订个人发展规划的过程中还是制订未来工作计划的过程中应始终保持清晰而理性的思路和脉络，对客观的各项条件有一个准确的认知和判断，对个人在发展过程中可能经历的一系列情况和现象有一个全面的认知。特别是能够认识到在不断向前发展的过程中个人会经历的一些困难而后对这些困难有一个充分的应对心理准备，这是个人的素质得到进一步发展的具体表现，更是个人心理发展实现进一步提升的表现。

### 三、大学生心理健康教育的必要性

（一）有助于贯彻国家相关部门的教育要求

社会主义教育的主要目的是培养科学文化素质过硬、思想道德素质过硬的新时期人才。在传统的教学模式中，一直对人才教育的科学文化素质保持足够的关注，在思想道德教育方面却存在欠缺。随着我国教育工作改革的持续推进，切实加强大学生的心理健康教育和思想政治教育成为一个备受关注的重点话题。我国教育部办公厅早在 2002 年便颁布了《普通高等学校大学生心理健康教育工作实施纲要》，正式将针对大学生心理健康教育作为一项教育战略全面贯彻下去。根据该文件的规定，大学生心理健康教育主要包括以下几个方面。

1. 积极宣传普及心理学科的基础知识

引导大学生认识自身的心理活动与个性特征，同时也要加强心理健康知识的普及宣传，让每一名大学生认识到心理健康的重要作用，特别是认识到心理健康是个人成才的基础性素质，从而树立牢固心理健康意识。

2. 培训相关的心理调适技能

心理健康教育工作的开展以维护大学生的心理健康素质，提升其心理健康水平为主要目标，特别是引导大学生逐渐学会自我心理调适，能够及时消除心理方面的困惑特别是负面的情绪和负担。与此同时，不断提倡大学生的基本调试技能，引导大学生具备积极的学习态度和交往态度，掌握人际沟通的基本方法，学会协调处理个人与他人的关系。同时，使大学生自觉培养坚韧不拔的意志品质和艰苦奋斗的精神，提高承受和应对挫折的能力。

3. 认识与识别心理异常现象

使大学生了解常见心理问题的表现、类型及其成因，初步掌握心理保健常识，以科学的态度对待各种心理问题。这一部分主要涉及了心理健康专业教育领域的内容，特别是引导大学生正确看待在日常生活中出现的个人问题，当这些问题出现时首先结合自身的专业领域角度分析问题的内在成因，并尝试将其解决。

这3个方面的内容是国家教育部针对大学生心理健康教育提出的明确内容要求，而在我国之后的教育发展过程中，也曾经针对高校如何开展心理健康教育并全面提升心理健康教育的质量进行了非常详细的统筹部署，所以，对大学生进行心理健康教育是教师坚决贯彻和遵守国家教育部门相关规定的具体表现。

（二）有助于大学生正确看待个人与集体

有助于大学生正确看待个人利益和集体利益的关系是开展心理健康教育的另一个重要意义。大学阶段的校园关系其实就是大学生如何看待个人的发展以及在与集体相处的过程中如何看待与集体成员之间的关系。大学生能够准确认识个人的实际情况并结合个人的实际需要制定科学合理的职业发展目标体现了大学生积极健康的思想认知情绪。而大学生在与集体相处的过程中能够正确看待个人与集体之间的关系并灵活处理个人和集体之间所产生的矛盾以及其他事件，这同样体现了大学生良好的心理健康素质。但每一名大学生的心理健康素质和心理认知是不同的，所以这就更加需要来自教师的教育引导和帮助。例如，某些学生的思想认知非常敏感，在与其他同学相处的过程中总是表现出各种不适应。这种敏感的思想认知在很大程度上影响了学生个人与集体利益之间的关系，而针对大学生开展心理健康方面的教育有助于大学生本人对个人与集体之间的关系有一个准确的判断，特别是当个人利益和集体利益发生冲突时如何在这二者之间进行科学取舍。与此同时，心理健康教育中也会应用一系列的案例，这些案例中会包括学生的各种潜在性认知行为。例如，某位学生认为自己家庭贫穷所以受到了来自其他同学的歧视，但在旁观者眼中却根本不存在这种情况。而大学教师开展的心理健康教育中恰恰有此类案例，案例的出现发挥了现身说法的作用，让这名大学生认识到自己之前的判断出现了偏差，即便没有意识到之前的认知存在偏差，对这种怕人歧视自我的思维也会产生怀疑甚至是动摇，动摇情绪的出现为教师或其他同学伸出援手，帮助这名学生解决思想认知问题奠定了基础。

（三）有助于大学生就业与创业

就业与创业是大学生面临的两个非常重要的问题，更是一种无法避免的问题。任何一名大学生在接受高等教育之后都要走出校园参加工作，这便是就业。如果大学生在校园学习或生活实践中发现了某些商机，也可以整合相关资源在某领域进行尝试，这便是创业行为。就业行为和创业行为是大学生实现人生价值的重要途径，更是大学生为社会做贡献的重要途径。但大学生的实践经验和能力比较欠缺，在就业创业中会面临一系列的突发情况和困难，而创业的艰难相对于就业自然更不用多说，学生需要付出比就业行为更多的时间、精力、物力。因此，无论是就业还是创业，对学生的心理认知都是一种巨大的消耗，甚至可能因为就业过程中的种种不顺利，创业过程中所经历的一系列艰难而使大学生产生思想认知方面的问题。

特别是在最近几年，社会经济总体形势并不乐观，国内知名的互联网大公司也都先后进行了大范围裁员，倒闭的中小企业和微型企业更是数不胜数。市场的大环境不乐观，人民的消费欲望会进一步降低，购买力非常有限。所以无论是就业难度还是创业难度都将处于一个非常艰难的时期。在本身艰难的市场环境下开展的就业创业行为更容易让学生产生一系列的心理打击和挫败，这些负面的心理因素会影响学生的身心健康水平。而在高校教育中提前针对此类情况对学生进行就业与创业方面的心理健康教育，有助于巩固学生的思想认知基础，提升心理的抗打击能力，即便在参加工作时遭到各种困难，在创业时经历各种风险也不会因为过于沉重的打击而产生挫败感，能够积极应对在就业与创业过程中所遇到的各种问题。由此可知，切实加强对大学生的心理健康教育有助于学生具备良好的心理健康素质以应对在未来就业创业中的各种考验、困难。

（四）有助于塑造优良的高等教育氛围

对大学生开展心理健康教育，全面提升其心理健康素质可以形成优质的高等教育氛围。众所周知，衡量一所高等教育学府综合实力的重要因素之一便是教育氛围。这种教育氛围并不是中学教育那样两耳不闻窗外事、一心只读圣贤书的教育氛围，而是一种开放、博爱、轻松、学风优良的浓厚教育氛围。这种教育氛围和学校内的每一名教师，每一名学生都有着非常密切的关系。教师在教学过程中能坚持有教无类的思想，让每一名学生沐浴到公平的教育阳光，以开放的胸襟和积极的思想心态面对学术研究工作，和学生相处。而学生对教师的关怀也给予积极的回应，能够自觉主动投入专业知识的学习中，按照学校人才培养的基本目标制订个人学习方案，在学习的同时，积极参加各种能够丰富阅历和增长经验的实践主题活动，彰显大学的青春与活力。而要做到这一系列的内容，需要教师和学生都具备良好的心理健康素质，特别是学生，更应当具备积极健康的思想，开放包容的心态，严谨务实的学习精神和坚韧不拔的学习品格，能够对现阶段的个人学习任务有一个明确的划分，能学会处理个人与团队的关系，个人与整个集体之间的关系。而引导学生具备这一系列思想品质的一个重要前提条件，是学校的优良教育。学校对大学生开展的一系列教育有助于大学生形成健康向上的心态，同时也能认识到个人在与他人相处的过程中要养成的思维，个人在制订学习规划和职业发展目标时要具备的思想品质。这一系列措施对学生谋求更好的学习资源和实现个人的身心健康发展都有着极为重要的意义。高校开展思想道德教育对学生有着极为重要的积极作用，如果每一名学生和每一名教师都具备这种积极向上的思想认知状态，那么整个学校的学术氛围和教育研究氛围会产生进一步的优化，办学实力和教育口碑也会因此水涨船高。

# 第二章　大学生的就业、创业教育基本概念

大学生的就业行为是在大学毕业之后的社会生存性行为。大学生就业有着高效且非常详细的就业指导流程，也深刻受到国家就业市场发展的影响。影响大学生就业的因素主要包括区域因素、心理因素、收入因素和其他因素。大学生的就业行为主要包括就业思想、就业行业和就业区域。

创业行为和就业行为相比具有一定的特殊性，影响大学生创业行为的因素有很多。大学生的就业和创业之间也有着非常密切的内在关系，创业从某种角度上是一种特殊的就业。创业行为的开展对整个社会所产生的积极作用也更大。大学生开展的创业行为和就业行为同样有着非常明显的差异，主要表现为实施基础方面的差异、实施难度方面的差异和实施方法方面的差异。

## 第一节　大学生就业概述

### 一、大学生就业行为与就业市场

（一）大学生的就业行为

1. 大学生的就业行为概念

从心理学的角度来看，行为指的是有机体对所处情境的所有反应的总和，主要包括一些内在的和外在的生理性与心理性的反应。根据国内相关学者针对行为新理论进行的深入研究可进一步得知，行为是由动机和能力这两个因素相互作用而产生的，在能力因素完全满足个体行为需要的前提下，促进行为的因素不是动机就是刺激，而且动机是连接刺激与行为的一个至关重要的中介性因素，是促使当事人行动的最直接的因素。所以，针对大学生的就业行为进行深入分析，可明确得出，就业行为就是指大学生在就业过程中的个体动机、能力和外部刺激的相互作用下所采取

的应对就业前景的生理性和心理性的反应。因为就业态度充分体现了大学生在应对就业时的心理变化和主观倾向，是一种非常典型的心理反应，而就业准备是大学生在应对就业问题时而提前采取的准备性工作，这是一种生理性的反应。无论是生理性还是心理性，都属于就业行为。二者之间有着非常密切的相互作用关系。在就业过程中，这具体表现为大学生应对就业所做的努力学习和能力提升，包括但不限于获取某种资格证书、制作简历并投递、参加各种面试和邀约。

2. 大学生的就业行为程序

高校毕业生因为对就业程序不了解，所以在就业或择业的过程中往往会面临一系列的问题，甚至付出很多无谓的努力。大学生对就业行为的了解程度直接影响了最终的就业质量，影响了大学生的就业行为开展。大学生的就业行为程序主要分为以下 4 个步骤。

（1）毕业生生源信息上报

高校毕业生需要进行生源信息的上报。所谓生源信息上报就是高校毕业生将自己的基本信息，包括生源信息录入系统，便于主管部门审核与查询，这对毕业、就业、档案转接等一系列重大事项的顺利处理有着非常重要的作用。

上报流程：高校毕业生注册中国高等教育学生信息网账号，并在登录账号后输入个人的学号、姓名和身份证号以及户籍所在地等一系列基本信息，而后由就业负责教师导出学生的基本信息并最终通过高校毕业生就业信息网上报生源信息，直到最终等待审核。

学信网：学信网是由全国高等学校信息咨询与就业中心主办，是教育部高校学生司指定的电子政务平台，是网站依托中心建立的集高校招生、学籍学历和毕业生就业信息以及全国高等学校资助信息于一体的大型的数据仓库。学信网功能的发挥有助于管理全国高校学生，并且学信网陆续成立了阳光高考信息平台、学籍学历信息管理平台、中国研究生招生信息网等多个平台和其他相关系统。例如，浙江省的高校毕业生可以使用浙江省普通高校毕业生就业手续网上申办平台，该申办平台由浙江省高校毕业生就业指导服务中心主办，该机构的主要工作职责是组织开展全省毕业生供需见面活动，在公共信息平台收集发布毕业生供需信息，从而为毕业生实习就业产生推荐作用和选拔工作岗位和人员的作用。

（2）毕业生就业材料准备

毕业生在就业之前需要进行一系列的材料准备工作，特别是把就业方向选择在体制内的毕业生，更要对个人的就业材料进行非常严格且充分的准备。毕业生就业材料准备工作一般包括以下几个环节。

《毕业生就业推荐表》是高校以组织名义向用人单位推荐毕业生的书面材料，这一材料形式有着非常高的权威性和可靠性，是用人单位接收毕业生的重要参考依据。例如，福建省便有专门的《福建省普通高等学校毕业生就业推荐表》，该文件是由高校大学生就业指导中心统一印发，其内容包括毕业生个人基本情况，毕业生在校期间所学主要科目的成绩以及教务部门和就业指导的相关教师，毕业生所在院校和学校毕业生主管部门的审核意见等一系列关键内容。

《全国普通高等学校毕业生就业协议书》同样对学生有着至关重要的作用，从习惯上把该文件简称为"三方协议"。三方协议的存在是为明确毕业生、用人单位和毕业生所在学校三方在毕业生就业工作中的权利和义务经过协商最终确定的协议。就业协议书同样是高校派遣毕业生的重要依据。毕业生在毕业离校之前，学校需要根据就业协议书的相关内容开具毕业生的就业报到证书和相关的户口迁移，同时也要传送毕业生的档案。如果毕业生没有及时签订就业协议书，高校就要把其关系和档案转回原籍。

（3）就业协议书

就业协议书一般主要包括毕业生网签协议、毕业生线下录入协议以及报到证办理3个环节。毕业生网签协议主要是指单位签约邀请发出以后学生网签应约并将相关的信息审核入库。毕业生线下录入协议主要是指毕业生可以实现省内院校直接与省外非注册单位落实就业后的信息登记功能，该功能主要包括录入协议反馈、电子协议书以及审核入库3个主要环节。最后是报到证的办理。高校毕业生可以通过当地的毕业网和就业网，领取加盖电子签章的电子报到证并凭借电子报到证到相关部门办理就业的手续，而电子报到证和纸质报到证具有同等的法律效力。因此，电子报到证的出现和广泛应用只是为了让整个报到流程更加轻松、高效、便捷。因为相对于传统的纸质报到证，电子报到证更加容易保存和共享，同时也会让学生的毕业就业过程办理更加轻松高效。

（4）档案转接

档案转接主要是指毕业生在毕业后如果没有及时参加工作或参加工作但没有和用人单位签订就业协议书，那么学校就会将这些毕业生的档案转回户籍地的人才交流中心。但也有一些学校对未就业的毕业生的档案不做任何处理，而是将学生的档案继续保存在学校。因为根据我国最新的就业指导政策，学生在毕业后有两年的择业期，在此期间学校不会处理毕业生的档案。如果两年时间过去毕业生仍然没有处理档案的问题，那么学校就会把档案退回到生源地。这也是毕业生在档案转接的过程中需要密切注意的一个问题。

（二）就业市场

1. 就业市场的定义

就业市场在不同时期、不同环境和不同条件下有着不同的发展层次。市场发展的冷暖也会受到整体经济形势的影响。就业市场的出现是随着商品经济的发展而出现的，甚至可以说商业贸易的出现和服务性产业的出现极大程度上刺激了就业市场的出现。例如，古代的封建社会虽然以农业发展为主，但也随着商品经济的持续发展进入了空前的繁荣。而此时从事商业经济或生产的人力就可以成为就业行为。只不过由于生产力的发展水平低且封建政府机构对商业的严重打压，导致此时的就业市场维持在一个非常低的状态。相关专家学者研究的过程中总是习惯性忽视这一就业市场。

通常角度所理解的就业市场是现代社会的就业市场。具体到商品经济的模式下，就业市场指的是拥有劳动能力的人寻找工作岗位并获得工资收入以维持生存并实现个人发展的市场。具体到大学生，大学生在就业选择方面有很多条路，可以选择参加国考或省考进入国营性的单位和企业，也可以到社会上结合个人的专业知识寻找相应的工作岗位和机会。本文在研究过程中所认为的就业市场主要是指后者。因为在每一年的大学生毕业人数中有绝大多数都是选择后者作为主要渠道。我国社会主义市场经济正在经历一个快速发展的繁荣时期，社会上各大企业和岗位都对大学生提出了一定的用工要求，大学生到这些岗位上参加工作，一方面可以寻求更为理想的就业机会，一方面可以得到物质方面的稳定收入，在给社会做贡献的同时实现个人的人生价值或谋求更高的社会发展。

2. 我国当下的就业市场情况

（1）我国就业市场的整体发展情况

首先，就业是民生之基。

就业是保障民生的基本。关于就业的相关问题，在每一次的政府工作会议上和党代会上，政府相关负责人都进行了充分的阐述和强调。在我国国民经济持续恢复向好且对就业带动作用不断增强的大背景下，就业的整体形势将在整体上进一步完善并获得更加长足的发展。在此大背景下，要把就业这个最大的民生工程和民心工程抓好，增强就业的适配性和稳定性，切实保障青年人群获得良好的就业环境，获得良好的就业资源。

在 2023 年下半年，人力资源和社会保障局启动了本年度高校毕业生等青年就业服务的攻坚行动。本次攻坚行动一共涉及了两个方面的内容：一方面是进一步登记失业青年的人数，一方面是针对在本年度离校但未完成就业的毕业生开展关于就业指导方面的服务。结合实际情况对这些学生提供一人一套方案的帮助计划，并于最短时间内形成登记失业青年帮扶台账和其他相关的就业帮扶举措，从而为高校毕业生和正在寻找工作的青年人提供强有力的帮助与支持。

就业问题一直以来都是最基本的民生问题，是一个国家经济发展的晴雨表，更是对社会的稳定产生着至关重要的作用。这一结论是西方国家在发展阶段所经历过的客观事实，同样对我国积极开展以就业教育为帮助点的市场政策的制定产生了重要的启发。在 20 世纪，随着三十年代世界经济大危机的出现，美国和欧洲都相继爆发了严重的经济危机。经济危机所带来的一个直接冲击便是工人的下岗和大范围的失业情况。所以当时出现了煤炭工人在冬天没钱供暖，而没钱供暖的原因则是因为煤炭太多卖不出去而失业……这一看似荒唐的悖论其实蕴含的便是失业现象的出现对国计民生所产生的巨大冲击力。面临严重的失业问题，失业青年的基本社会生活无法得到有效的保障，生活上的贫穷会进一步加重其思想认知负担，甚至产生违法犯罪的念头。事实也果然如此，美国在 20 世纪 30 年代爆发经济危机期间的社会犯罪率呈现明显的上升。而到了 20 世纪 70 年代，随着中东石油危机的出现，布雷顿森林体系的瓦解，美元的世界霸主地位逐渐崩溃，随之而来的便是在国内引起的一系列的失业问题。由于巨大的生活压力和看不到前景的渺茫希望，导致美国有相当一部分的青年人开始自我放纵，犯罪率不断提升，在生活方式上也逐渐放纵，最终被称为垮掉的一代。与此类似的情景还有日本，日本在 20 世纪同样经历了房地产经济的泡沫，当时也面临着非常严重的失业问题进而导致犯罪率上升，青年人口的结婚生育率下降以及行业的发展与生产陷入停滞等一系列问题。

这些国家走过的路都深刻证明了一个最基本的道理——就业是民生的根本。所以在 2023 年 4 月 28 日召开的中共中央政治局会议便明确强调要切实加强对民生方面的投入，切实保障和改善民生，充分强调就业的优先导向作用进而扩大高校毕业生的就业渠道，特别要实现农民工等重点群体的就业问题保障。继而，各部门积极贯彻落实详细的就业优先政策，千方百计稳定就业市场的存量，扩大其增量并全面提升其质量。最终在一系列的努力下使得国民经济整体恢复向好，就业政策持续显效并保证形势的总体稳定。

其次，稳定就业是经济发展的根本。

稳定就业对国家的经济发展和行业的经济建设都有着积极意义。特别是从 2023 年 5 月份以来，全国城镇调查失业率为 5.2%，这一失业比例和上个月持平。从年龄来看，25 ～ 59 岁就业主体人群的失业率为 4.1%，已经实现了连续 3 个月的下降，这说明就业基本盘总体保持稳定而且还在发生持续性的优化和改善。而从群体来看，进城务工的农民工失业率继续降低，特别是 5 月份以来农业户籍劳动力失业率是 4.9%，相对于 4 月份的 5.1% 下降了 0.2，同样是连续 3 个月下降。这就意味着我国的失业人口和待业人口相对于之前有了非常明显的下降，有越来越多的人在工作岗位上发挥作用，也意味着我国的经济正在恢复和发展。

就业状况很大程度上取决于经济增长的质量和速度。经济增长质量越高，就业状况越好；经济增长速度越快，产生的就业岗位越多，经济发展的整体形势也会向更加良好的方向迈进。这是因为经济的发展为企业的生存打开了更加广阔的空间。企业是以盈利为目的的法人，在整体的市场环境保持良好的情况下，任何一家企业都会将自身的经营战略调整为扩张型，不断扩大生产经营的规模从而追求更高的经营发展利润。而企业生产规模的扩大也必然会带来更多的就业岗位，让越来越多的适龄人员得到工作的机会。因此，稳定就业是经济发展的根本。

最后，就业形势中的值得注意之处。

虽然我国整体的就业形势比较良好，由于市场环境等一系列因素所导致的就业前景相对于前几年有了很大的改观，但从总体上看，当下就业形势仍然面临两个比较典型的问题。

一方面是就业形式的供求分布并不均匀。我国区域之间的经济发展表现出了很强的不平衡性，主要是东部地区，特别是东南沿海城市的经济发展繁荣，工作岗位众多且薪资待遇良好，但中部地区、西南地区和西北地区的经济发展层次相对较差，企业的用工需求和工作岗位数量较少。所以这就导致了区域之间的工作岗位供求关系没有维持在一个平衡的状态，劳动力多的地方工作机会可勉强满足，而工作机会少的区域面临着大量劳动力的竞争。

另一方面，还有一个问题是专业人才素质未能达标。专业人才素质未能达标是我国当下经济发展适合就业方面所面临的一个重要的状况。以大学这一高等教育为例，大学在人才培养过程中存在非常明显的重分数轻能力的情况，而且有很多课程的设计对学生毕业后寻找工作根本没有任何帮助，但大学为了完成全面育人的大学理念和指标要求大学生将大部分时间集中到书本理论知识的学习，对于实践技能的提升却非常有限。以最典型的语言学科为例，尽管我国每年有600多万的大学生毕业，而且这些大学生都顺利通过了四级考试和六级考试，但真正适合到跨国公司工作的学生人数只有16万左右，占总人数的2.67%，这就足以证明高校在人才培养方面并未注重人才素质的达标。

（2）大学生就业的基本情况

就我国目前的就业形势整体来看，高校毕业生的人数是逐年增加的，所以单从就业的压力来看也是呈逐年增加的趋势。但我国整体的经济发展形势保持良好，高校毕业生初次就业率始终稳定持续在70%，这一就业率比较平稳。但高校学生在就业过程中面临着地域结构问题和专业结构等一系列问题。除了这些问题之外，一些政策性的障碍也深刻影响着大学生本人的就业行为和择业行为。除此之外也包括大学生对自身能力提高的重视程度不够，在大学校园学习与生活中并没有制订非常明确的职业发展规划，但是企业的用人门槛却在不断提高，这就导致大学生的能力跟不上时代发展的要求，这一系列的因素都会对就业率形成一定的影响。经济发展速度放缓造成了劳动力需求短缺，经济发展结构的优化导致大学生就业结构性矛盾进一步升级，生产动力的调整对大学生的业务能力又提出了全新的要求，传统渠道的吸纳能力降低，更为重要的是国有企业、事业单位的招聘岗位更是逐年递减，特别是在人员选拔等方面的门槛进一步提升。所以从总体上看，我国高校毕业生虽然面临的整体市场就业环境相对良好，但其中仍然能让绝大多数高校毕业生感受到相当大的就业压力，甚至会在这种就业压力的影响下产生对人生的迷茫和对未来发展的不确定。

## 二、大学生就业的影响因素

### （一）区域因素

#### 1. 区域经济

大学生在选择就业区域的过程中所考虑的一个重要因素便是经济因素。这是因为经济原因对一个区域的行业生存和就业问题有着非常重要的影响。一座城市的经济发展水平更高，所存在的企业数量也就会越多，特别是存在很多一线的品牌企业，这些企业不仅有着雄厚的实力，更有着充分的岗位和出色的工作待遇水平。这一系列的因素对刚毕业的大学生有着非常强大的吸引力。所以越来越多的大学生在就业的过程中会选择经济实力较为发达的区域。从总体上来看，全国各地大学生在毕业之后更倾向于到北京、上海、广州、深圳等城市寻找工作机会。这些城市是我国的一线城市，整体的经济发展状态良好，更关键的是在这些城市内有着一系列的重大知名企业，这些企业所开出的薪资待遇条件相对于其他企业也更加突出，所以对大学生而言更加具有吸引力。特别是随着我国在最近几年出现的人口流动现象更能证明这一点，我国在人口流动方面主要是以农村人口进一步减少，城市人口进一步增加为主要特征。根据我国教育部门针对大学生毕业之后的流动情况和工作情况开展的详细调查，有超过35%的大学生都在毕业之后选择去北上广深等城市寻求发展机会。而其中体现的便是经济影响一个区域的发展，影响大学生的择业区域。

经济对大学生择业区域的影响不仅体现在大学生集体向一线城市靠近，更是重点表现为区域内的各城市之间的流动。特别是省内大学生在毕业后选择工作区域时，如果不考虑北上广深等新一线城市，那么会重点考虑省会城市或省内整体经济发达的城市。因为北上广深距离这些学生相对遥远，但省会城市距离学生却非常近，如果学生选择到省会城市寻找工作机会，会遇到非常优质的选择。例如，河北省内的高校毕业生在省内选择工作时往往更倾向于石家庄、唐山等经济发达的城市，四川省的毕业生在选择工作时往往更加倾向于省会城市成都。

#### 2. 家庭因素影响区域选择

大学生在选择工作区域的过程中不仅会受到一个区域的经济发展影响，同时也会受到来自家庭方面的影响。家庭的意见对大学生选择工作区域有着非常重要的导向作用。很多大学生刚刚走出校园时并没有非常成熟的独立生活的能力，所以在制订人生规划或发展目标的过程中更倾向于听取家长的意见。而家长的意见对大学生的就业选择同样有着非常重要的影响。某些家长会建议大学生选择在离家较近的城市寻找工作机会，这样选择的收入可能不是很多，但最大的优势是离家较近，可以有效维持家庭成员之间的亲情关系。所以有些家长会强烈要求子女选择离家较近的工作单位，所以有些大学生迫于家中的压力最终也不得不听从父母的意见和安排，这同样是影响就业区域选择的一个重要因素。除了家庭因素以外，感情因素和工作自身的优质性也会影响大学生的就业区域选择。例如，某些大学生对公务员非常感兴趣，只要是参加公务员的岗位，全国各地都可以接受，所以在报考公务员时会以岗位为准，而实际的工作区域往往不会在首先的考虑范围内。

（二）心理因素

心理因素是影响大学生就业的重点因素之一。心理因素对大学生就业的影响重点体现为个人对今后专业发展的规划以及个人的性格和情绪变化。

1. 个人的职业规划对就业的影响

个人的职业发展规划主要是指大学生在就业之前会综合自身的多项条件进行理智分析并对整个就业市场做一个初步的判断，在充分整合各种关键的市场要素和信息资源的情况下制订的科学规划。能够清晰规划个人就业行业和具体岗位的学生往往有着非常缜密的思维，心理认知能力更强，心理成熟度也更高，所以最终选择的职业发展规划道路更加科学。但职业发展规划的制订并不是全都正确的，因为大学生对整个市场环境的认知非常有限，只能结合个人所拥有的有限资源对整个市场环境进行研判和分析，所以，一旦这种心理分析的结果产生误差和错误，也会导致个人的就业行为受到影响，可能是就业岗位的选择错误或对就业的工资预期收入目标制定错误。

2. 个人性格对职业选择与规划的影响

在心理学的研究领域内有一个非常著名的论断——性格决定命运论。该观点明确指出一个人的性格对其人生发展和命运有着至关重要的影响，甚至是决定性的作用。这种观点虽然有失偏颇，但也不能否认其中的一些元素是非常合理的。因为这一观点充分肯定了一个人的性格对其个人发展与职业生涯规划所产生的确切的影响。在性格决定论的持续影响下，大学生在就业择业过程中也会真正考虑岗位是否符合个人的择业标准与实际情况。例如，某位大学生选择的是市场营销专业，但该专业重点要求学生掌握出色的语言表达能力，要学会与他人打交道，在良好的人际关系交往中取得他人的信任。但学生本人却性格内向，社会交际能力非常有限。那么即便选择的是市场营销专业，这名学生在选择工作岗位时也不会考虑营销类的行业。而某位学生选择的是中医学，但该专业并不是学生亲自选的，而是服从学校调剂的结果。该学生对中医学专业极为不感兴趣，而且考虑到中医学专业在毕业之后会面临很大的就业问题，所以日常学习中对于中医专业表现出非常强的排斥与抵触，在选择工作岗位的过程中也不会考虑医学类的工作。

### 3. 情绪变化对就业的影响

大学生的心理状态和情绪变化对其就业同样有着非常深远的影响，只不过在很多情况下这种影响是以负面的形式表现出来的。大学生由于缺乏社会实践经验，对某些行业的认知不够完善，而且个人的思维能力还不成熟，经常想一出是一出，可能上午刚刚做好的决定，下午就会因为某种因素被完全推翻。情绪变化过快，变化幅度过大，甚至影响了大学生的就业选择和职业发展。特别是在参加工作的初期，大学生发现原本预期中非常美好的行业却有着极高的工作压力和负担，个人情绪在现实面前发生了非常大的变化，于是便产生了换工作、换行业的想法。这也充分体现了情绪变化对一个人的就业影响是极其巨大的。

### （三）收入因素

收入因素影响大学生的就业行为，甚至是影响绝大多数大学生就业行为的一个重要因素。在收入行为理论的深入影响下，大学生不仅会在毕业后优先考虑整体收入更高的行业，甚至在高考结束后的大学专业选择期间填报收入比较高的行业。特别是随着我国信息技术行业的充分发展，互联网 IT、程序开发等一系列行业的人员收入水平维持在一个非常高的水准，这对大学生的就业产生了非常强烈的导向作用，甚至一度成为备受追捧的热门行业之一。而在对大学生毕业后的择业情况进行深入采访时，也不难发现收入因素是影响其就业择业的重要因素。

相当一部分大学生之所以把收入看得如此重要，一方面是出于现实因素的考虑。相当一部分大学生在校期间都会制订个人的生涯发展规划，特别是明确在何年龄段内达到何种目标。收入目标是个人年龄发展规划阶段的一个重要目标元素，这也是维持一名大学生在社会上生存发展的基础。所以大学生把收入当成个人选择行业的重要因素其实是出于现实的考虑。另一方面，大学生对收入如此看重也是基于家庭教育的观念影响。家庭教育和学校教育都是非常重要的教育方式，这两种教育方式对一个人的行为能力提升和思维意识养成都有着极为重要的作用。特别是出生于经济条件一般的家庭的学生，在毕业之后选择工作岗位时会把收入作为一个极其重要的参考因素，甚至是唯一的因素。因为这些学生需要拥有一份很高的工作收入补贴家用，也有着非常强烈的实现经济独立的要求。而且，在这些学生的思维认知中，收入是选择工作的唯一标准。因为从童年开始，这些学生便被家长不停灌输"只有考上好的大学，才能找到一份好的工作，才能多挣钱"的思想，在这种家庭教育思想的影响下，相当一部分大学生的思想认知已经出现偏差，他们将寻找一份高收入的工作作为就业的唯一目标。

其实收入因素对大学生的就业和择业有着重要的影响这一点人所共知，因为工作的最终目的就是为了在社会上生存，获得更加优质的生存资源。而生存资源需要用货币和资金交换。拥有更多的货币和资金便能交换出更多的生存资源，这是商品经济运行模式下行业发展的一般规律，更是贯穿人类社会发展成百上千年的一条铁律。所以，大学生在就业过程中把收入看成一项重要的参考因素有相当强的合理性。但如果把收入看成行业发展或选择的唯一影响因素和标准显然是不科学的。因为一份工作给大学生带来的成长和发展是多方面的，可能是积累更加丰富的人脉资源，可能是对整个行业的发展有一个更加深刻的认识，可能是让自己的某种能力和短板得到了进一步锻炼，也可能是积累了丰富的工作经验并为接下来谋求更加优异的工作机会做好准备。而这些内容相对于收入同样重要。因此，大学生只将收入看成就业选择的唯一因素，这种思想认知是片面的，是不够科学的。

（四）其他因素

影响大学生就业择业的因素有很多，区域因素、心理因素和收入因素只是最为主要的 3 种，但却并不是全部的因素。其他因素同样能对大学生的就业产生影响。综合来看，主要有以下几种原因。

1. 从众因素

从众因素主要是指大学生在选择就业岗位的过程中并没有非常明确的方向和目标，个人思想很容易被他人所左右。具体可看以下案例。

小刘是一名即将毕业的学生。面对转瞬即逝的大学时光，他显然没有做好在毕业后参加工作的思想准备。在大学这几年间，他大量的时间都是沉迷于网络游戏。直到毕业实习期的到来，他才意识到要出去找工作了。这让他感到非常惶恐，感到无所适从。他的朋友小张和他关系非常要好，当得知小张想要去上海这座国际化大都市闯荡一番时，小刘的心动摇了。因为在小张看来上海这座国际化大都市有着更多的就业机会，有着更充分的就业岗位，工资收入更高且生活更方便……于是，此时感到迷茫的小刘选择紧跟小张的脚步，两人共同在毕业后到上海寻找工作机会。

案例中的小刘在处理个人就业问题时便有着很强的从众性。他自身缺乏主见，但却受到了周围环境中其他人的影响。这种情况在高校毕业生的就业择业认知中很常见，相当一部分大学生面对即将来临的职场生活缺乏一定的安全感和自信，所以会选择和自己的朋友一起进入，相互之间照应。

2. 个人爱好

个人爱好主要是指大学生在选择工作岗位的过程中把个人爱好作为一项重要的选择标准。对于工作的收入、发展前景和个人的心理因素等一系列内容不会过多考虑，仅仅是考虑工作内容符不符合个人的要求，工作内容是否能引起个人的兴趣。

这种择业观在大学生群体中也仍然存在，有一定的合理性。所谓干一行爱一行，一个人对某个行业的兴趣是否浓郁不仅影响了择业观，更影响了在工作之后的工作状态和效率。如果对工作内容不感兴趣，在工作中会产生巨大的思想情绪和压力，非常抗拒与其他人沟通，游离于整个工作团队之外。长此以往，当事人不仅会在工作团队中形成很多不好的评价，对于工作内容本身产生的排斥与抗拒情绪也会进一步加重，最终不是主动从工作岗位中离职就是和公司协商调整岗位。

3. 工作内容与工作强度因素

工作内容和工作强度同样在很大程度上影响学生的就业择业问题。相当一部分学生在大学度过的时间都是非常轻松惬意的，吃苦耐劳的精神品质没有完全形成。但当他们参加工作时，工作内容进一步增加，工作压力进一步提升，特别是销售类岗位不仅要承担巨大的工作量和较大的工作压力，更关键的是大量的工作付出和工作收获之间有时并不完全对应。可能学生在经过高强度的工作后也不能取得良好的预期效果。工作的投入和产出之间比例严重失衡导致相当一部分毕业生对该类型的工作产生抗拒情绪，所以在选择工作岗位时往往不会充分考虑这类型的工作。即便部分学生对于工作内容和工作强度的认知不足而选择了该行业，在经过短暂的试用期后发现自己无法接受同样会毅然决然选择离职。

### 三、大学生的就业行为与大学生就业现状

#### （一）大学生的就业思想

在当下市场条件下，大学生的就业思想是影响其就业行为的一个主要的因素。在面对就业和人生发展这一至关重要的问题时，大学生的就业思想主要有以下几种。

**1. 就业预期过于乐观**

就业预期过于乐观主要是指大学生在面对个人就业这一至关重要的问题时持有的心理预期是很高的，无论是在行业选择还是薪资待遇上都会提出非常高的要求。特别是在薪资待遇这一方面，相当一部分大学生的预期都很高。中国青年网在每一年的毕业季都会开展一次大学生就业期待调查。2021年，中国青年网选择了5762名在校大学生进行了问卷调查，其中有超过40%的大学生认为个人在毕业后的起步工资应当在5000～8000元，有10%的学生认为起步工资应当在8000元以上，甚至极个别学生认为起步工资应当超过1万元。而根据我国每年都会发布的《高校学生就业报告》，学生平均薪资为4990元，而且这一数据的真实性有待进一步考证。因为在收集数据时都是要求学生本人亲自填写个人薪资，有些学生会故意把薪资填得很高。这一调查说明相当一部分大学生对就业后的薪资工作预期过于乐观，甚至有一种盲目的自信。

**2. 就业预期过于悲观**

就业预期过于悲观是大学生在面对个人就业时所产生的另一个情况。对个人的就业预期过于悲观主要是指学生本人缺乏严重的自信，认为自己在毕业以后很难胜任某个岗位的工作，很难达到岗位薪资所对应的工作能力，缺乏严重的自信。持有这一观点的学生同样不在少数。该观点产生的根源一方面是学生的性格所致，另一方面则是学校的教育模式导致学生不自信。例如，相当一部分学生认为自己在大学期间学的课程到社会上几乎不会有用武之地。例如，马克思主义原理、思修、哲学等一系列课程有着很强的理论性，但在现实生活中却几乎没有充分的应用空间。而即便其他的专业课程在内容设置方面有非常强的理论性，这种理论性对个人的就业产生的帮助是微乎其微的，产生这种思想的学生会对个人的前途与发展严重缺乏自信，在选择岗位时不敢明确提出自己的要求，即便参加工作后，在初期阶段也不敢

独立自主地表达个人观点，导致在工作中容易受到他人的制约和影响。

3.就业预期相对科学

就业预期相对科学主要是指学生本人具备较为良好的就业择业观。能够正确看待大学期间学习的相关知识与技能，能够对社会上的各项条件和情况有一个准确的认知与判断。在综合考虑多方面因素的基础上为个人制定出科学合理的就业择业方针，在与他人相处或谋求工作机会的过程中表现出自信。而持有这种就业思想的学生，其心理状态也非常好，心理健康程度也更高，在走上工作岗位后对工作环境的适应速度更快，融入工作环境的能力也更强，在职位晋升和薪资待遇的提升方面也会更加具有优势。

（二）大学生的就业行业

大学生的就业行业可分为多种行业，一般可以按照专业的相关性进行划分。

1.选择与本专业相关的专业

选择与本专业相关的专业主要是指大学生在毕业之后非常倾向于选择与大学所学专业相关或有着密切关系的行业。之所以出现这样的选择，一方面是因为大学生自认为专业所学知识有着很强的不可替代性，而且在大学中掌握了非常出色的专业知识，在工作岗位上可以将这些专业知识快速且高效地应用，有助于其融入工作岗位，适应工作环境。而从行业发展的自身来看，这部分专业从某种角度而言的确具有很强的不可替代性或有着很高的准入门槛。最具代表性的专业是医学护理类。医学护理类专业的学生在大学期间的学习中掌握了非常丰富的医学知识和护理学知识，而且在学校的统一安排下到各大医院进行实习，积累了一定的临床学习经验的同时又将个人所掌握的专业知识得以初步应用。所以学生在毕业之后选择行业时，基本会考虑医学护理行业，只有极少数学生由于自身原因或客观原因选择从事其他行业。对行业本身而言，非行业人士若想进入该行业也面临着很大的难度，主要是因为要想进入该行业，首先要掌握一系列的专业知识，特别是临床实践技能。对行业外部人员而言，要想充分掌握这些知识与技能有着很高的难度，而且现阶段我国医护人员的就业压力较大，不仅尤为看重个人实践能力，同时也看重学历和学位，所以这就导致非医学护理专业的人从事医学护理专业的工作难度进一步提高，甚至从某种角度来看是不切实际的。因此，选择与本专业相关的专业是大学生在就业过程中的一个重要选择。

2. 选择与本专业无关的行业

选择与本专业无关的行业是大学生在就业择业的过程中所展现出的另一个方面的情况。甚至于这种情况在大学生就业择业的过程中是一种非常普遍的状态。因为社会上的工作岗位有着很强的流动性，在市场经济条件下大学生的就业择业行为也早就不同于计划经济体制下的铁饭碗，也不同于日本或韩国企业的终身雇佣制。只要双方协商一致便有权解除劳动合同。用人单位可以寻找新的员工，大学生本人也可以寻找新的工作机会。在这一系列条件的促使下，学生之间的转行转业行为便非常正常了。

学生之所以选择转行转业，也有着多方面的考虑。一方面是由个人的职业发展规划所决定，一方面则是由行业的发展情况所决定。例如，前几年，我国的教育培训行业发展如火如荼，迎来了一个非常典型的教培行业发展红利期。但随着我国教育部门认识到学生面临的课后作业压力和校外培训压力过大，于是提出了双减政策。双减政策对校外培训机构产生了很强的遏制作用，特别是极大程度上限制了校外教育培训工作的开展。这导致很多原本从事教培行业的工作人员开始转行，有的选择自主创业，有的选择外卖行业等。这些行业与教培机构老师的职业并不相关，是一种非常典型的跨行业操作。

（三）大学生的就业区域

大学生在就业的过程中要明确的一项重要理念是选择就业的区域。在大学生的就业区域选择中，主要有以下几个区域。

1. 经济较为发达的区域

在大学生选择就业区域的过程中，经济较为发达的区域往往是其优先考虑的区域范围。因为一个地区的经济状况越为发达，所拥有的良好就业岗位和就业机会也就更多，大学生在就业时也就有了更多、更充分的选择。从具体的位置区域上来看，东部地区大学生在毕业之后，往往会选择北京、天津、上海、广州和深圳等一线城市和准一线城市。北京、天津和上海是我国三大直辖市，区域内的经济发展状况良好，而且有着非常充分的就业岗位。除了工作以外，各方面的生活配套设施也很完善，大学生在工作之余的生活更加方便。而广州和深圳同样位于我国重要的工业基地，特别是深圳作为重要的经济特区之一，不仅基础资金实力雄厚，而且还享受着一系列的人才优惠政策，特别是在落户、人才补贴和购房等一系列方面都对高校毕业生有着非常强的吸引力，所以成为高校毕业生优先选择的一个区域。

除了北上广深之外，省会城市或省内发展比较好的城市同样是学生的优先选择。江苏省的高校毕业生会把南京、苏州作为重要的求职地，浙江高校毕业生会把杭州作为寻找工作机会的目标城市，山东省的高校毕业生会把青岛、济南等省会城市或省内发展势头迅猛的城市作为目标地，其他省份的学生同样会在就业择业过程中优先考虑省会城市。之所以如此选择，主要是考虑省会城市相对于省内其他城市在政策或经济方面更加突出。

2.离家较近的区域

离家较近的区域是大学生在参加工作的过程中所进行的另一个重要的区域选择，特别是在选择区域的过程中，大学生会非常注重家庭成员的意见。一些大学生会尊重家庭的意见到距离家比较近的区域参加工作。而且相当一部分大学生的故土家乡情怀比较重，无论是在读大学时还是在大学毕业后找工作时，都不想和自己的家人距离太远，这样一方面遇到工作问题或生活问题时能够及时向家庭成员寻求帮助，一方面也能经常回家以维持家庭成员之间的亲情关系。

3.离家较远的区域

离家较远且经济因素不作为首要因素的区域同样是大学生在毕业就业的过程中会选择的一个区域种类。例如，省会城市的大学生在就业的过程中可能选择省内其他经济不发达的城市，也可能选择省外的经济发展并不占优势的区域。之所以出现这一情况，原因比较复杂，但基本可以归纳为以下几点：第一是个人感情因素，大学生在校园内如果拥有恋爱关系，而且其中一方位于某座城市，那么在毕业后双方为了维持情感的需要就可能共同到另一座城市；第二是职业选择因素，大学生在参加工作时入职了某家整体实力非常突出的企业，但该企业离家较远且不位于北上广深等经济发展地区，为了获得更理想的收入水平，大学生也会到该区域参加工作。总而言之，影响大学生就业区域选择的因素有很多，经济发展强势的区域和离家较近的区域是最主要的两种。

# 第二节 大学生创业概述

## 一、大学生创业行为

### （一）大学生创业行为的含义

大学生创业行为指的是大学生利用自身的知识、技能和创新想法，积极主动地参与创业活动，创办自己的企业或从事创业相关的工作。大学生创业行为是一种积极的创新行为，代表着年轻一代对于实现个人价值、服务社会、推动经济发展的追求。在社会主义市场经济充分发展的大背景下，我国高等教育制度也迎来了一系列的改革优化和发展，特别是针对大学生在就业选择方面给予了更广阔的空间。与传统的工作分配不同，现阶段大学生都可以根据个人的爱好和实际需求以及家人的意见自由选择从事的职业。创业行为就是在这一背景下应运而生的。创业行为的开展充分体现了大学生勇于探索现实世界的精神，也充分展现了大学生渴望在个人物质生活和精神生活方面获得进一步丰富的主观愿望。对于大学生表现出的这种创业行为，要给予全面的支持，更要以科学的思维方式来看待大学生的创业过程。

### （二）大学生创业行为的特征

大学生创业活动的开展是一种非常典型的探索行为。而通过对大学生创业行为的详细分析可以总结出其创业过程主要有以下几个方面的特征。

#### 1. 创新驱动

创新驱动是创业行为的一个重要特征，甚至在某种意义上是创业行为的一个根本特征。所谓创业指的是利用各种基础性的资源进行一系列的开创行为。这对创业者本人而言是一次全新的尝试和探索。任何创业行为的开展在很大程度上都要依靠创新驱动，特别是随着社会经济条件的持续改善和行业发展速度的明显加快，一次符合社会大众的新的创意必然可以给创业者本人带来巨大的物质利益。在一个行业的生存过程中，保持创意是该行业永葆青春与活力的重要基础条件。只有保持青春与活力才能确保整个行业始终有生命力。而大学生具有较高的知识水平和创新意识，他们能够运用所学知识解决实际问题，并通过创新的思维方式带来新的商业模式和产品。

#### 2. 实践能力培养

创业是一种实践性强的行为，通过创业，大学生能够在实践中培养问题解决的能力、团队合作的精神和资源整合的能力。无论是在单人创业还是在团队创业的过程中，实践能力的培养都是非常重要的一部分。特别是在团队创业的过程中，创业者彼此之间的合作默契会进一步深化，对于各种在创业过程中出现的风险和条件有一个全面的认知和判断，在对这些风险和条件有一个全面的认知基础上能够采取有效的措施及时应对在创业过程中出现的各种风险和艰难，这体现的便是一种非常典型的合作能力。除了合作能力外，创业实践能力的养成同样体现在单人创业的过程中。单人创业相对于团队创业需要面临更多的不确定的风险，特别是在经历一些比较重大的创业选择或处理典型的创业问题时，创业者只有具备出色的实践能力才能应对各种困难和风险，顺利度过创业的难关。而随着创业的持续开展，创业者的实践能力可以得到有效培养。

3. 社会公益性

创业者的创业行为实施不仅可以给自身带来丰厚的物质回报和实践经验增长，同时也在无形之中给整个社会带来了优良的积极影响。因为创业行为的发生起到了多个方面的作用。

首先是增加了一个地区的就业岗位，让越来越多的失业人员能够找到参加工作的机会。

其次是进一步便利了当地居民的生活。因为商品经济的交换本质就是买卖双方的各取所需，买方支付资金得到相应的产品和服务，卖方交出商品实现收益。所以，创业者创业行为的出现在很大程度上便利了当地居民的日常生活或其他方面的需求。

最后是社会影响。创业者创业行为的实施需要接受社会相关部门的管理监督，更需要向相关的税务部门积极缴纳赋税，这也就是对国家经济发展体制的一种强有力的支持，对创业者本人和整个创业环境市场都产生了极为重要的积极作用。

随着高等教育普及程度的提高，大学生就业压力逐渐增大。创业提供了一种自主就业的机会，帮助大学生解决就业问题，实现个人发展。所以，综合来看，大学生创业行为在推动经济发展、提升创新能力和解决就业问题等方面具有重要意义。政府和教育机构应加强支持和引导，提供良好的创业环境和资源，帮助大学生更好地进行创业实践，为社会发展培养优秀的创新创业人才。

### 二、大学生创业的影响因素

大学生的创业行为受很多因素的影响，从总体上看主要包括专业知识因素、个人规划因素、物理条件因素、心理素质因素和社会环境因素。

（一）专业知识因素

专业知识因素对大学生能否成功创业产生的影响是最根本的。就创业行为本身来看，无论是实体创业还是互联网创业，对创业者本人而言都提出了一定的专业知识技能要求。如果不能牢固掌握专业知识和相关技能，对创业形势的判断、创业过程中的各项所需条件以及整个创业计划的制定和实施都会遇到各种各样的困难。

【案例】

小赵是一名刚刚大学毕业的学生。由于在参加工作初期承受的工作压力极其巨大，但个人工资却非常少，于是便萌生了辞职创业，自己当老板的念头。由于他自己非常喜欢喝各种饮品，于是便在一所中学门口开了一个饮品店。小赵认为，中学生是各种茶饮的主要消费群体，他肯定会有很不错的营业收益，而且旁边还有一家蜜雪冰城奶茶店，更不用自己投入大量的时间或成本进行宣传。但实际情况与他想的相反，每天的营业额还不足以支付房租，不到 2 个月便选择了关门。

小赵的创业行为之所以失败，很重要的一个原因是专业知识的缺乏。专业知识对其创业行为的影响表现在以下几个方面。

首先是品牌的选择。小赵在选择创业品牌的过程中并没有进行非常充分的市场调研，只是认为个人喜欢喝饮品，于是便将其作为创业的主题，以个人的某种爱好推测整个市场大多数消费者的爱好，这是不严谨的。

其次是选址的问题。虽然中学生和中学教师热衷于喝饮品，但小赵的创业选址是有问题的，特别是在她店面的附近有一家蜜雪冰城。蜜雪冰城是全国知名的奶茶品牌，不仅有着极高的知名度，更是因为打开的消费市场可以把品牌价格控制到很低。小赵的奶茶店客单价比蜜雪冰城高一倍有余，销量自然非常惨淡。

最后是宣传的问题。任何新店在开业之初都要进行大量的宣传，通过宣传吸引周围的客流进店消费进而培养起忠实的顾客受益群体。只有稳定的顾客来源才能成为一家店生存下去并持续盈利的重要保障。但在本次案例中，小赵在创业初期并没有针对门店进行广泛的宣传，这导致小店即便处在学校的商圈内，学校仍然有相当一部分的学生和老师并不知道这家店的存在，曝光率远远不够，影响了进店消费的客人数量，使整个店铺的经营遇到了一定的困难。

这3项问题的存在是导致本次创业失败的重要原因。但如果对这三项原因进行更加深入的分析，可以归结为创业者个人专业知识的缺乏。在决定把奶茶作为品牌开展创业项目时，并没有学习和创业密切相关的知识，只是根据个人的习惯性认知和开展了最简单的市场调研便开始了自主创业之路，专业知识的缺乏导致整个创业计划在落实过程中始终面临着各种不确定的风险，更为关键的是在新店成立初期并没有针对店铺内的品牌奶茶进行大范围宣传以提升在周围客户群体中的知名度和影响力，种种因素交织在一起，最终的创业失败似乎也就不可避免了。

实体店创业对创业者的专业知识提出了较为严格的要求，而互联网创业同样对创业者自身的素质有着极高的要求，甚至从某种角度来说，互联网创业对创业者的要求门槛是极高的。首先需要创业者本人通晓当今时代下信息技术和互联网的发展运营模式，在中小发展运营模式的基础上掌握最新的行业发展动态和政策，因为互联网创业的一个非常明显的特性便是时效性。只有牢牢抓住时代发展的风口才能大幅提升创业的概率。其次，当今时代关于互联网创业，很多知名的大型企业甚至已经形成了一种垄断，对整个互联网资源的把握和客户的占用程度已经非常牢固，即便有新的创业者进入，在强大的资本面前也很难长期维持。所以，无论是从实体创业来看还是互联网创业来看，创业者的专业素质和能力都是影响创业行为能否成功的重要因素。

（二）个人规划因素

创业者的个人规划对创业行为的开展所产生的影响要一分为二来看待。首先是创业者能够针对创业计划本身制订非常详细的计划书，规划的主题非常清晰，规划的细节非常明确，特别是在处理一系列的规划任务时能够始终把握最核心的元素。而有些创业者在制订创业计划的过程中却显得非常粗糙。一方面是因为创业计划书的制订不够完善，同时也包括创业计划的细节贯彻和现实生活之间存在巨大的差距，更为重要的是，在创业计划的实施过程中对各种突发性的潜在问题没有一个清晰的认知和系统的认识。因此，个人规划对创业者创业行为的影响要一分为二来看待。

1.准确的个人规划对创业的影响

准确清晰的个人规划对整个创业行为开展有5个方面的影响。

（1）可以制定出更加明确的目标

在准确清晰的创业规划指导下，创业者本人对整个创业的规划设计是非常科学的，特别是能够制定出完善的创业规划目标并对接下来的创业工作产生有效的引导。个人规划有助于创业者明确自己的长期目标和短期目标。长期目标主要指的是在创业行为实施的过程中对整个创业思路在某个大的时间段内要达到何种效果所进行的初步规划。短期目标主要是基于长期目标在更小的时间段位要达成的更加具体或详细的目标。无论是长目标的制定还是短目标的规划，都需要创业者本人具有稳定的创业素质和突出的创业能力。这些目标准确定义了创业者对创业事业的追求和努力方向，从而帮助他们在创业过程中专注于重要的任务，避免分散注意力。特别是短期创业目标。短期创业目标对长期创业目标有着非常明确的导向作用，正是由于一个一个短期创业目标的实现汇总在一起才形成了长期创业目标。因此，在科学完善的个人规划下可以制定出更加明确的短期目标和长期目标。

（2）战略制定更加科学

个人规划可以帮助创业者进行战略规划，包括制定市场定位、创新产品或服务、选择合作伙伴等。通过制订细致的战略计划，创业者可以更好地预见市场趋势，规避风险，增加创业成功的机会。在创业行为实施之前的战略制订环节，创业者本人首先要对战略自身的全部内容有一个清楚的认知，在制订规划书的过程中要尽可能把与本次创业主体密切相关的所有元素统筹考虑其中，而后制订出一个完善的创业规划书。在创业规划书得以形成后，还要针对创业规划书的实施做统筹安排和管理，确保计划书中的每一个细节都能坚决贯彻落实下去，并对实际的创业行为产生积极的促进作用。在整理这一系列细节的基础上，最大程度提升创业战略实施成功的概率，这也充分体现了突出的规划能力是确保创业战略制订科学性的一个基本前提。

（3）时间管理更加科学

个人规划使创业者能够更有效地管理时间。通过设定明确的目标和优先级，并制订详细的时间表，创业者可以更好地分配时间和资源，合理安排工作任务，提高工作效率。在创业者制订创业计划的过程中还需要充分考虑的一个重要因素便是时间，时间观念和时间管理是一个人走向成功的重要基础性素质，只有具备了出色的时间管理能力和自律自觉意识，才会在具体实施的过程中避免各种不自律的行为出现，并对整个创业计划造成负面的影响。创业者具备出色的自我约束能力和时间管理能力对整个创业行为的开展无疑是一种巨大的优势，这对创业效率的提升和创业者综合素质的发展所产生的积极作用是有目共睹的。

（4）自我发展变得更加合理

创业者个人创业行为不仅是对社会上行业发展的一种有效的丰富和推动，对创业者本身而言更有一定的积极意义，特别是对大学生而言。大学生在走出校园后首先要思考的一个问题便是关于个人发展计划的制订。明确个人的发展计划制订主体后才能采取进一步的措施针对自我发展做出更加详细的规划并科学制订发展策略。而创业行为是一种非常有效的个人发展策略。个人规划为创业者提供了一个自我发展的框架。创业者可以根据自身的优势和短板，制订自我提升计划，通过学习、培训和实践，不断提高自己的专业知识和创业技能，增强创业成功的能力。

（5）个人信心的进一步增加

一般而言，在一个人针对某个未知领域进行探索的过程中，准备工作的开展对其个人的心理预期和对事物发展的前景看待有着非常重要的影响。计划准备工作进行得更加充分，一个人对个人的前景和预期也就表现得更加乐观，即便是在此过程中遇到某些问题和困难也能够以轻松高效的身心状态予以解决。个人规划有助于创业者增强自信心。一个有明确目标和良好规划的创业者往往更有动力去追求自己的梦想，并坚定地克服困难。创业者的自信心对于团队的凝聚力和项目的顺利推进至关重要。因此，在创业计划制订过程中，一个人的前期准备工作和最终的创业成功之间有着非常密切的关系，这对其创业成功的顺利开展所产生的积极作用是非常显著的。

综上所述，从总体的一般状况来看，个人规划对于创业行为有着深远的影响。它能够引导创业者明确目标，制订战略，合理安排时间和资源，并帮助创业者不断提升自我，增强自信心。一个详细的个人规划不仅可以提高创业成功的概率，而且为创业者打下了坚实的发展基础。特别是对刚走出校园的大学生来说，制订一个清晰明确的工作计划和创业方案对于后期创业工作的开展和实施所产生的积极作用是尤为显著的，这体现的不仅仅是创业者本人所具有的一种科学的创业思维，也是最终的创业行为能否取得成功的一个重要的先决条件。

2. 不合理的创业规划对创业行为的影响

准确的创业规划能够对整个创业行为的实施产生积极的推动作用，这一点已经经过上述阐述进行了详细的介绍，与之相对的便是整个创业规划中的不合理成分对整个创业行为所产生的负面影响。这种负面的影响主要表现为 3 个方面。

（1）整个创业的主题选择方向并不清晰

缺乏完善的创业规划将导致创业者无明确的目标和方向，没有明确的规划和策略，很容易迷失在竞争激烈的市场中，无法做出正确的决策。这一点对刚毕业的大学生来说尤为重要。刚刚毕业的大学生对整个市场环境的感知能力非常有限，即便能够认识到在工作后要开展一些创业行为，但由于缺乏实际的创业经验以及对创业行为认知的欠缺，很容易导致在制订创业计划的过程中面临一系列的困难，甚至有很多错误都是学生在制订创业计划的无形过程中犯下的。例如，相当一部分学生都认为创业行为的开展需要资金支持。但这些资金在具体的实施过程中应当如何分配，如何对资金的详细情况进行整理并安排使用资金的项目这一系列的内容大学生未必都能一一考虑到。而资金在创业过程中的使用对整个创业行为的开展非常重要，学生缺乏对这一点的认识必然会导致整个创业过程陷入各种困难甚至导致最终的创业失败。有了完善的创业规划，创业者可以通过分析和预测市场需求、竞争情况及自身资源，制定出明确的目标和战略，为企业的发展提供指导和支持。

（2）影响整个创业团队的资金配置

影响整个创业团队的资金配置是创业计划书在制订过程中不完善或存在明显漏洞很容易导致的另一个重要的问题。拥有更加丰富的创业资源对创业者本身而言是更加具有优势的。但这种优势也对创业者的资源管理能力提出了非常明确的要求，创业者需要在创业过程中科学分配各种资源的使用频率和力度，特别是保证每一种有效的资源都能得到高效利用并对整个创业过程产生持续性的推动和影响。所以，创业者的计划制订不够详细在很大程度上反映的是资金配置使用不合理。这种资金配置使用不合理主要表现为缺乏有效的规划，创业者难以准确评估项目所需资源的数量和类型，并不能进行有效的资源分配。这样就会导致资源的浪费和不合理的配置，影响企业的运营和发展。

（3）影响企业的市场竞争和持续生存发展

创业者个人规划存在相关问题所导致的另一个重要负面因素便是影响所创企业在市场环境下的竞争与发展。创业者针对创业主体所设置的一系列详细计划都要以确切的创业计划书的形式表现出来。如果创业计划书存在某些漏洞或比较重大的问题便很有可能导致整个创业计划的后期开展、方向调整以及细节优化等一系列的情况受到影响。创业者的创业规划不完善还会影响到企业的市场竞争力和持续发展能力。没有完善的规划，创业者很难在市场中找到自身的竞争优势，并有针对性地开展市场营销活动。缺乏规划也意味着创业者可能无法及时调整策略和应对市场变化，随着时间的推移，企业的竞争力会逐渐减弱，难以实现可持续发展。例如，我国某知名辣椒酱品牌曾经一度占据着国内辣椒酱市场的半壁江山，甚至成为绝大多数消费者购买辣椒酱的首选品牌。但由于该公司在经营过程中为了控制原材料成本而选择了其他的辣椒品种最终导致辣椒酱的口味改变，消费者不认可该辣椒酱，其他品牌的辣椒酱则抓住这一机会制订了非常详细的规划，在该企业的市场份额中抢到了一席之地，这就是个人规划因素对企业的生存发展和持续竞争力所产生的影响。

因此，对于创业者来说，制订完善的创业规划是非常重要的。一个好的创业规划能够为创业者提供明确的目标和方向，帮助他们合理规划资源、制定战略，提高企业的市场竞争力和持续发展能力，最终实现创业的成功。

（三）物力条件因素

物力条件因素主要指的是创业者在创业的过程中是否能得到非常充分的资金支持。资金支持是创业者取得创业成功的一个非常重要的因素。充足的资金和不充足的资金对创业者的创业行为甚至可以产生决定性的作用。资金充足对创业者所产生的积极影响涉及多个方面。

首先，充足的资金能够为大学生创业提供良好的起步条件。他们可以购买所需的设备、原材料，租赁合适的办公场所，雇佣专业人才，并且有能力开展市场推广等活动。这些投资将为创业项目提供强有力的支持，为其增加竞争力。在创业者前期的创业准备环节中，需要对整个创业的物质条件有一个充分的认知，需要使用资金对整个创业计划进行非常详细的落实。有充足的创业资金，可以聘请更加专业的员工。最典型的莫过于餐饮店，餐饮店创业的一个核心因素是聘请厨师。烹饪水平高的厨师薪资要求也更高。如果资金充足的创业者聘请了一位水平高的厨师，从表面上看增加了整个建店的成本，但水平高的厨师制作的菜肴可口，可以吸引一大批的顾客进而使整个店铺的营业额快速增长。

其次，资金充足能够提供一定的保障，降低创业风险。创业本身是一项充满不确定性和风险的活动，资金不足可能会导致资源缺乏，项目失败甚至倒闭。如果有了充足的资金，创业者本人就相当于有了很大的风险抵抗能力，有了非常广阔的试错空间。

【案例】

小张是一个毕业的学生。自己在读大学的 4 年间勤工俭学，攒下了 3 万元钱。在毕业后，她买了一些设备到学校附近的步行街上卖奶茶和烤梨。但刚开始没几天，步行街附近需要修一条地铁线，设置了围挡。小张之前的投入在这一瞬间化为泡影，辛苦积攒的 3 万元亏损了一大半。

小刘是一个即将大学毕业的学生，同样和小张一样想要在学校附近的步行街上进行一次创业。当父母知道小刘想要创业的想法后表示了全力的支持，并提供了 15 万元的创业启动资金。虽然他同样经历了步行街因为地铁站建设而封闭的问题，但手上有着较为充裕的资金剩余，于是便在其他的步行街上又租下了一个小窗口，继续坚持创业的梦想。

通过以上两个案例对比可以明显发现，创业资金是否充足是影响其创业成功的一个重要因素，小张的创业资金非常有限，一旦遇到不可抗力的因素便会导致创业计划失败。小刘和小张经历了共同的问题，但他的手中却有着更加充裕的创业资金，所以对各种不确定的创业风险有着更强的抵御能力。

第三，资金充足也能够提升大学生创业者的信心和动力。在面对挑战和困难时，他们可以更加从容地应对，更加专注于项目的长远发展。与此同时，充足的资金还可以增加创业者的行动力和创新能力，鼓励他们尝试更多创新的商业模式和经营策略。创业行为并不是一旦确定创业目标便可以从一而终坚持下去的行为，在整个创业过程中需要敏锐观察各种创业机会，根据市场的变化和最新的创业思路做出调整。而充裕的资金可以帮助创业者进行一些新的创业构思尝试。例如，一名餐饮人员在创业过程中发现刚需类的产品在店内的销量非常好，但在创立该店的过程中却将该店定位为商务类的餐饮模式。所以这就需要对店内的经营思路和菜品进行一次优化，如果手上的资金比较充足那就可以快速完成优化，形成更加良好的经营发展模式。

但需要指出的是，充足的资金并不意味着一定能取得成功。创业的关键因素还包括市场需求、团队实力、创业者的能力等。因为资金是影响创业者创业行为的重要条件，但并不是唯一的条件。如果创业者的创业方向选择不合理，那么即便投入再多的资金，最后也未必能取得良好的效果，再有就是创业者的经营模式，良好的经营模式同样对创业者的创业有着非常重要的作用，如果经营模式不恰当也必然会导致大量的资金浪费，同样出现创业失败的可能。

总而言之，资金充足对大学生创业起着重要的支持作用。它为创业者提供了更好的起步条件、降低了创业风险、增强了信心和动力。然而，创业的成功与否是全方位的因素综合影响的结果，资金只是其中的一部分。我们应鼓励大学生创业者注重综合素质的培养，提高创新意识和创业能力，以更好地应对创业的挑战。

（四）心理素质因素

心理因素对创业者创业行为的影响主要表现为个人性格对整个创业者的一系列影响。性格是一个人心中的储备库，它塑造了一个人的思维方式、价值观和行为模式。其反过来又会影响到一个人在创业过程中的决策、应对困难的方式以及与他人的合作能力。创业的过程从某种形式上而言就是一个对客观情况进行深入分析，综合各种客观有效的数据进行处理并做出决策的过程。所以创业者本身在日常生活中的各项思想和决策对于整个创业过程的持续进展甚至最后创业能否取得成功有着一系列的重要影响。这种影响主要表现为以下几点。

首先，一个人的性格影响他的决策方式。不同性格类型的人在面对创业决策时可能会有不同的偏好。这种不同的偏好和其自身的创业决策以及在整个创业过程中一系列的行为选择都能产生极为重要的影响。乐观积极的人更可能愿意冒险，更愿意尝试新的创新点子，所以在创业过程中更容易打开新的思路，特别是当发现新的商机时总是能够勇于尝试，形成全新的创业格局。而新的创业格局和创业思路有助于紧跟时代创业的发展潮流，大幅提升创业成功的概率。而谨慎稳健的人可能更倾向于保守的决策，更注重风险管理。性格特点在创业决策中扮演着重要的角色，它们可以影响一个人对机会的识别、适应变化的能力以及对利益和风险的权衡。特别是在面对创业过程中一些比较典型的问题时很容易选择保守的方案。如果创业活动正面临一个至关重要的选择或处在经营发展的一个重要的十字路口，创业者的这种决策很容易影响整个创业的整体规划与思路，甚至导致创业活动错过最佳的时间。

其次，性格对应对困难和逆境的方式产生影响。创业过程中充满了挑战和困难，这要求创业者具备坚韧和抗压能力。一个乐观向上、自信的人更容易面对挑战和逆境，更有可能保持积极的态度并寻找解决问题的方法。然而，性格上的消极倾向或缺乏自信的人可能在面对挫折时容易受挫，甚至放弃。创业过程中需要一个人始终拥有积极乐观的精神品质，这种积极乐观的精神品质对创业者应对各种创业的困难和风险能够发挥极其重要的指导作用。特别是当个人的创业行为遇到困难时，积极向上者和消极对待者所表现出的身心状态等一系列因素是完全不同的。思想消极者会把整个创业过程中遇到的各种困难无限放大，甚至对个人当初的创业选择和创业前途产生动摇和怀疑。这种消极的思想认知一旦长期形成并积累很容易动摇一个创业者的心理预期，甚至导致整个创业行为无功而返。

最后，性格也会对创业者与他人合作的方式产生影响。创业往往需要与合作伙伴、员工、投资者等进行良好的合作。特别是在整体的经济形势不太理想的环境下，单独创业或许已经成为一种不可取的模式。因为单独创业对一个人的身心消耗是极其巨大的，更重要的是单独创业所得到的资金支持非常有限。所以在这种模式下，团队性的创业活动便成为一种非常优质的选择。但团队性创业过程中也要考虑个人与他人之间的合作关系。一个合作性强、沟通能力良好的人更容易构建和谐的工作环境，建立有效的合作关系。与此相反，一个性格内向、不善于沟通的人可能会面临合作关系上的挑战，由此可能产生一系列的问题。关于性格对创业者与他人合作方式所产生的影响，国内外也有一系列的知名案例。在前几年共享经济模式快速发展的大背景下，ofo 共享单车曾经一度占据了市场上的绝大多数份额，但该单车品牌却并没有能够统治扩大个市场，而是被后来的哈啰和青桔所取代。之所以如此，很大程度上和创始人的性格有关系，当事人在将该品牌充分运营起来以后曾经有将该品牌转手卖出或进一步扩大的机会，但面对其他持股人的一致同意他却选择行使一票否决权，最终导致该品牌的市场地位和影响力逐渐降低，甚至被其他品牌所取代。总之，一个人的性格对他的创业行为具有重要的影响。了解自己的性格特点，以及如何根据自己的性格特点来做出合理的决策、应对困难以及与他人合作，对于创业者来说都至关重要。只有充分发挥个人性格的优势，坚持不懈地追求自己的目标，才能在竞争激烈的创业环境中获得成功。这是创业者个人心理因素对整个创业行为的影响，也是创业者个人性格特征对整个创业行为所产生的影响。

（五）市场环境因素

市场环境因素是影响大学生创业的重要因素之一。所谓市场环境，就是指大学生在开展创业行为时的时间条件和空间条件。时间条件往往指的是大学生创业行为发生时的宏观时间背景，空间条件主要是指大学生创业行为发生时的微观环境背景。时间方面体现的是影响大学生创业行为的宏观元素，空间方面体现的是影响大学生创业的微观元素。

### 1. 时间方面

大学生在创业的过程中需要密切结合当时的时代发展背景和整体的市场发展环境。特别是详细分析一段时间内的社会经济整体发展态势。经济发展态势在很大程度上决定了大学生创业的结果。经济发展形势好，市场环境会处于一种空前活跃的状态下，居民的收入水平得到全面提升，手里会有更多的钱用于消费。企业所生产的产品也更容易销售出去且获得丰厚的利润。所以，企业的生产规模会进一步扩大，创业者也具备了此时进入该行业的一个有利的时机。如果某个时间段内的经济发展势头低迷，居民的收入有限，导致购买力进一步压缩，企业的生产产品无法及时销售出去，此时企业还要额外支出人员工资、场地租赁费用、设备维护费用以及原材料损耗费用等一系列的成本，很难达到盈亏平衡点。整个行业发展不景气，此时创业者选择进入该行业大概率是要面临亏损的。

除了某个时间段内的整体市场环境影响创业者准入以外，一个行业的生存发展阶段同样对创业者的进入有着非常重要的影响。按照微观经济学的相关理论，任何行业的生存与发展都会经历起步阶段、快速发展阶段、成熟阶段和衰退阶段。如果创业者在创业项目选择过程中进入了成熟阶段和衰退阶段，大概率是要面临亏损的。因为在成熟阶段，该行业的各大企业已经探索出了一条非常成熟的商业运转模式，整个市场也被各大企业瓜分完毕，在达到规模效应的前提下，厂商会尽可能压缩产品的售价，让利给消费者以达到垄断市场的目的。如果此时有创业者进入，必然会在价格战中落败。最典型的莫过于可口可乐。可口可乐之所以能在全球多个国家畅销且难遇敌手，很大程度上就是因为其已经占据了整个市场的绝大多数份额。在统治市场的同时把产品的价格尽可能下压。这就导致其他创业者进入该领域时，很难在把产品价格与可口可乐保持相同的情况下仍然获得利润。这就是创业者在产品发展时间阶段没有选择合适的时机所造成的结果。

### 2. 空间方面

空间方面主要是指创业者所选择的创业环境对其创业行为和创业成功率的影响。空间环境对创业行为的影响主要表现为实体创业经济。如果是互联网创业或媒体创业等非实体经济类的创业行为往往不会受到空间方面的影响。不妨以餐饮行业的创业为例，影响餐饮行业创业的空间方面因素主要包括商圈客流、品牌区域影响力、建店成本3个方面。

（1）商圈客流

商圈客流因素是实体业创业首先要考虑的一个重要因素，也是对创业行为能否取得最终的成功影响力最大的一个因素。大学生在进行实体创业的过程中必须考虑一个合适的商圈。商圈和创业主题之间有着相互影响、相互作用的明确关系。大学生在创业的过程中可以观察商圈中存在哪些商机，而后根据商机选择具体的创业主体和品类。同样也可以明确一个创业主题和品类，并根据该品类的消费人群选择具体的商圈。例如，某大学生需要创立一个以刚需为主的餐饮项目，所以在选址的时候可以考虑写字楼附近或建筑工地附近，因为这附近的人群有着大量的刚需性餐饮需求。这体现的便是商圈客流因素对创业行为的影响。

（2）品牌区域影响力

品牌的区域影响力同样是影响创业者创业行为的一个重要条件。创业者在开展创业活动的过程中需要统筹考虑品牌在当地的影响力，在这一方面，影响力较大的品牌相对于影响力较小的品牌更容易获得创业者的青睐。影响力较大的品牌在一些知名商圈的进驻过程中会享受到房租、物业费等一系列的建店成本补贴，更是因为品牌已经具备了一定的影响力从而有效节约了创业者在开店以后的宣传成本，因此，品牌的区域影响力是影响创业者创业行为的一个重要因素。

（3）建店成本

最后一个区域环境因素是建店成本。所谓建店成本主要是指创业者为了确保成功开店而进行的一系列成本投入，包括但不限于装修费用、原材料的采购、店内工作人员的聘请等一系列成本。对于这些成本因素，如果控制在一个合理的范围内可以极大程度上缩短创业者的回本周期，尽可能降低整个店面的盈亏平衡点，可以大幅提升创业者创业成功的概率。

需要指出的是，市场环境因素对创业者创业行为的影响并不是固定不变的。一方面是因为整个市场环境会随着时间的变化而变化，可能在某个时间段内不适合开展的创业项目突然在另一个时间段内因为消费者观念的变化或相关政策的出台迎来了发展的空间。空间方面的因素同样也是如此，创业店面选择的商圈可能会因为附近基础设施的日益完善带来了大量的客流，为整个店面的持续开展带来了极大的红利。

## 第三节 大学生就业与创业的关系

### 一、大学生就业与创业的内在逻辑

（一）自主创业丰富了当代大学生的就业选择

1.大学生创业带动就业的一般原理

（1）大学生就业难问题的根本性解决路径

面对当前大学毕业生就业难问题，政府、高校和大学生自己都在努力通过各种路径和办法来解决这一难题。总结现有缓解或解决大学生就业问题的各种路径，主要有大学生村官计划、大学生入伍计划、报考国家公务员和事业单位工作人员、应届毕业生直接报考专业学位研究生、大学生创业引领计划、大学生志愿者服务西部计划和特设岗位教师计划等。然而，我们知道，大学生村官是一个临时性工作，两年或三年后，大学毕业生还需要回流到城市，再加入找工作的大队伍中。大学生入伍计划，虽然能够解决一部分大学生的就业问题，但部队能够吸纳的大学生是非常有限的，由于国家各级政府部门所能提供的公务员岗位和事业单位岗位的稀缺性，常常出现一个公务员职位有成千上万人相互竞争，因而报考公务员和事业单位工作人员也只能分流一小部分大学毕业生，解决就业问题。应届毕业生直接报考专业学位研究生的选择，则仅是推迟了大学生找工作的时间。而大学生创业引领计划则不同，它是要从根本上转变大学生的就业思路，鼓励具有良好专业知识的大学生积极投入到创业活动中，为中国经济的长期发展和经济与产业结构的优化调整战略做出应有的贡献，并同时实现其个人的理想和价值。因此，鼓励大学生创业，能够从根本上解决大学生的就业问题，还能为社会创造更多的就业岗位，解决更多大学生的就业问题。

（2）宏观经济发展趋势与大学生创业机遇

宏观经济学理论表明，经济增长主要由投资、出口、消费等三架马车共同驱动。改革开放以来，中国经济的高速增长则主要依靠投资和出口这两架马车的拉动。然而，经过改革开放30年的发展，中国经济的发展已经到了一个岔路口。以往粗放型投资拉动的经济增长对资源和环境造成了严重破坏，严重依赖出口的经济增长模式，已经不能适应中国经济进一步保持快速稳定发展的需要，特别是经过此次金融危机的冲击，中国政府和经济学人士已经充分认识到了这一点。一方面，中国的基础设施建设已经基本达到了世界发达国家的水平，再依靠投资来拉动经济的模式已经不可持续。此外，继续强调投资增长，还将造成资源的浪费和自然环境的破坏，对中国经济的发展后劲产生很大的负面影响。另一方面，金融危机已经让许多中国的出口贸易国，如美国意识到了中国出口导向型增长模式的全球负面影响，国际上逐渐出现了要求中国转变为拉动内需的经济增长方式。同时，中国政府也逐步认识到出口导向型增长的不可持续性，这种模式在前期劳动力成本比较低的条件下有比较优势，但随着中国劳动力成本的上升，这种低附加值、低技术含量的来料加工贸易，已经不适应中国企业的发展需要。中国企业迫切需要转变经营思路，加大对科研项目的投入，从而生产出具有自主知识产权和高附加值的商品和品牌，这也是世界各大经济体发展的基本规律和基本路径选择。

为促进经济增长方式转变和产业结构升级，国家正在大力推动经济进入创新驱动、内生增长的发展轨道。在这种形势下，各级政府对那些具有发展潜力或核心能力的新兴产业的支持和培育，无疑会给大学生创业带来一些千载难逢的历史机遇。如"低碳经济"作为一个刚刚兴起的新兴行业，代表了世界各国未来经济发展的方向，有望成为大学生创业的新起点。"低碳经济"涉及的行业面极为广泛，大的如太阳能、风能、地热能、油电混合汽车、工业电机，小的如节能灯、房屋建筑节能设施、高效节能家电等。这种宽泛的行业为大学生创业提供了诸多可能。内生增长主要是拉动国内消费，而拉动内需的一个重要方面就是发展第三产业——服务业。与美国等发达国家相比，我国的服务业所占比例还处于相当低的水平，发展的前景和空间巨大。而且，服务业的发展正需要大学生创业来参与。另一方面，中国产业升级方向是提高产业的科技含量和经济附加值，这就需要像大学生这样具有良好专业知识的高层次人才的参与。因此，中国宏观经济发展趋势和国家的宏观经济政策，为当前大学生创业提供了许多千载难逢的机遇，同时，国家宏观经济战略和目标的实现，也切实需要广大大学毕业生的积极参与。

2.大学生创业带动就业的可行性

我国拥有 13 亿多的人口，是目前世界上人口最多也是劳动力人口最多的国家。经过改革开放 30 多年的发展，我国已经发展成为最大的新兴市场经济体，鼓励大学生创业带动就业具有特别重要的意义。因为就业是民生之本、安国之策，也是社会和谐之基创业是经济活力之源、社会进步之翼，也是扩大就业的倍增器。因此，党的"十七大"报告中明确指出，实施扩大就业的发展战略，促进以创业带动就业的政策。从我国经济发展形势和就业创业的实践看，促进大学生创业带动就业具有很强的现实意义。

（1）经济增长和扩大就业可以实现良性互动

近几年来，随着我国经济结构和产业结构的调整与升级，以及资本有机构成的提高，我国经济增长所能吸纳劳动力能力逐步降低。国家第九个五年计划时期，每增长1个百分点就能解决90多万人的就业问题，而国家第十个五年计划时期，每增长1个百分点所能带来的就业岗位只增加了80多万个。因此，在此背景下，仅以经济增长来扩大就业和解决当前严峻的就业问题，显然是不可行的。特别是在金融危机背景下，我国加快转变经济发展方式，提高自主创新能力的大趋势下，我们更应该强调大学生积极创新，以创业带动就业，实现经济增长与扩大就业的良性互动。

（2）创业带动就业具有倍增效应

很长一段时间以来，我国实行的是一种大企业导向的发展战略，侧重于依靠大企业的发展来吸纳和扩大就业。然而，这种发展战略有其阶段性特点。在竞争日益激烈的全球市场环境下，我国许多大企业目前面临的最主要任务是如何做强，提高企业的市场竞争能力。这就势必要求这些大企业逐步摒弃以往严重依靠规模经济、低成本的发展方式，而应转为依靠科技创新、提高经营管理水平的资本化、精细化发展方式。而这种发展方式的转变，会缩小大企业扩大就业的空间，不仅降低其提供的增量就业机会，还会不断释放出存量劳动力。因此，近年来中国经济结构和产业结构的升级，使得我国经济增长吸纳劳动力的作用不断降低，加上中国劳动力市场供给长期大于需求，经济增长与就业增长间的不一致程度越来越高。

在此背景下，创业具有非常重要的意义。因为无论是发展型创业还是生存型创业，这些创业活动都能够带来就业岗位的增加，并产生促进就业的倍增效应。一方面，通过创业活动，能够解决创业者自身的就业问题。另一方面，随着创业企业的发展壮大，创业企业能够吸引更多的劳动者就业，从而发挥了创业带动就业的倍增效应。统计数据表明，我国个体工商户和私营企业的增加，可以带动更多人实现就业。另据统计，我国很多城镇就业机会是中小企业提供的，这些中小企业吸纳了社会上一些新增的就业人口和农村转移劳动力。因此，鼓励创业，发展中小企业和民营企业，是我国乃至世界各国解决就业问题的一条重要途径。

因此，国家适时提出了"保增长、保就业"的国家经济宏观调控政策，我国应该选择就业优先增长的经济增长模式，这一模式就是鼓励创业带动就业，在促进经济增长向第三产业倾斜的同时，为社会创造更多的就业机会，以实现促进经济发展与扩大就业的良性互动。正如全国政协委员郑功成所说："要将调整经济或产业结构与促进就业相结合，政策上扶持劳动力密集型的第三产业的发展应当在结构调整与优化中将就业岗位增长纳入规划和主要考核评估指标。"

（二）宏观就业形势给当代大学生自主创业带来机遇

1. 我国当前的宏观就业形势

（1）宏观就业形势的优势分析

一个国家的就业形势受多方面因素的影响，包括但不限于劳动力市场的饱和程度、经济发展的速度和质量、经济发展的模式以及国家针对就业问题进行的一系列方针制定和计划调整。但其中，最根本的影响因素还是一个国家的整体经济发展情况。整体经济发展态势良好，国民的收入水平会更高，购买产品的消费意愿也就会更强，企业的生产规模会进一步扩大，会有更多的工作岗位出现，劳动力的就业率会得到进一步提升。

我国是世界上最大的发展中国家，更是在改革开放以后成为世界第三大经济体。甚至在 2008 年前后全球面临金融危机的大背景下，我国的经济增长速度却连年保持在 10% 左右，可以称得上是一个发展的奇迹。

在宏观的就业形势保持相对良好的基础上，国家相关部门为了进一步刺激企业的发展，也陆续出台了一系列的刺激性经济政策和助力经济高效发展的科学模式。积极的宏观经济政策和创新发展模式的落地，为就业提供了有力的支撑。通过加大基础设施建设、推动高质量发展、促进产业升级等措施，不仅为企业发展创造了良好的环境，也为就业市场提供了更多的岗位需求。在不断产生新的工作岗位需求的同时，国家积极培育新兴产业、推动数字经济发展，助力传统产业优化升级，为就业提供了新的增长点。21 世纪是一个产业增长带动国家综合实力发展的新世纪，产业结构的优化升级和传统工业的优化转型是世界各国发展过程中探讨的主要模式。在该模式的持续影响下，我国产业发展已经从高耗能高污染的类型转化为高精尖的工业发展模式并在此道路上继续向前迈进。先进的工业体系发展自然也需要拥有较高素质的专业人才，更加需要一系列的企业生存经营来填补该领域发展中的一些空白。与此同时，社会各界也积极助力就业促进。政府加大职业培训力度，提高就业者的素质能力和职业技能，进一步增强就业竞争力。政府加大职业培训力度的做法最终目的是保障每一位有劳动能力的青年人群的就业，但在实现这一目的的同时，也间接提升了劳动力的工作素质，培养了专业能力更加突出的优质劳动力。同时，鼓励社会各界共同参与，开展扶贫、助残、助学等公益活动，为特殊群体提供更多就业机会，助力他们融入社会大家庭，共同分享发展成果。

（2）宏观就业形势的不足分析

宏观的就业形势整体发展向好为高校毕业生选择优质的工作机会，进行一系列的创业活动提供了有利的条件。但与此同时，当下就业状况也面临着一系列的问题，这些问题值得关注。现阶段的问题主要表现为两方面。一方面，劳动力市场供求不平衡，部分地区和行业就业压力较大。劳动力市场的供求不平衡所带来的一个非常直接的问题便是某一个领域的劳动力极为稀缺，某一个领域的劳动力却存在严重过剩。我国现阶段的高等教育体系在人才培养过程中和实际的专业需求缺口存在很大的出入。某些专业每年会培养数十万的大学生，但这些专业所对应的行业每一年所产生的人才缺口却严重不足，就业岗位和专业人才培养数量之间存在如此明显的不一致，导致很多大学生毕业即失业。即便失业，在相当长的一段时间内也很难找到称心如意的工作。另一方面，随着技术进步和产业结构调整，一些岗位可能会被取代，对就业产生一定影响。最典型的莫过于传统制造业和劳动密集型产业。劳动密集型产业和传统制造业最典型的一个特征便是操作技术水平低，产品的附加值低。在产业发展过程中需要大量的廉价劳动力生产产品完成外部企业的订单。我国曾经一度凭借巨大的人口优势大量承接欧美国家的订单并在东南部沿海地区逐渐发展成了多个轻工业基地，但随着东南亚等人口同样密集且人力成本更低的国家进行一系列的对外开放战略，外国资本开始从我国向国外转移，随之而来的便是大范围的裁员和失业。特别是最近几年，东南沿海城市曾经节假日期间都要请员工加班的工厂早早决定提前放假。另一方面，人工智能技术的出现和应用同样加快了某些行业的生产迭代。一些传统的抗人力完成的工作被人工智能技术所取代，机器加工相对于人力加工不仅速度更快，质量更高而且可以连续多小时工作，从各方面的性价比远远高于人力，所以很多工厂也决定开始以机器取代人力。这就进一步加剧了失业的情况。

2.宏观的就业形势给大学生创业带来的机遇

我国宏观的就业形势给大学生的就业创业行为产生了非常大的影响。而在宏观就业形势中进行深入分析并解读其中某些元素给大学生创业行为开展所带来的机遇是尤为重要的一项内容。宏观就业形势给大学生带来的机遇主要侧重于以下几个方面。

（1）宏观政策给大学生创业带来的机遇

当前政策给大学生创业带来了广阔的机遇。作为社会主义核心价值观的体现，政策对大学生创业的扶持非常值得关注和支持，政策的出台提供了一系列的优惠政策和支持措施，为大学生创业提供了重要保障和支持。

首先，政府出台了一系列的创业扶持政策，为大学生创业提供了金融支持、税收优惠以及市场准入等方面的帮助。这些政策的出台对大学生顺利完成整个创业计划的审批以及顺利拿到创业的营业执照有着极为重要的帮助。这些政策旨在降低大学生创业的成本，提高创业成功率，鼓励更多的大学生踏上创业的道路。最典型的莫过于全国各级政府部门针对摆摊和夜市等一系列经济发展所提出的重要的文件。这些文件的颁布和实施就是为了给那些有创业意愿的人群提供便利。

以山东省济南市为例，该市曾经针对发展省内的夜市经济，发布了《关于推进夜市经济发展的若干意见》（下附主要内容）。

建立夜间经济发展协调机制。成立市发展夜间经济领导小组，由市政府分管领导同志任组长，市有关部门和各区县政府相关负责人参加，统筹推进全市夜间经济发展。明确重点夜间经济街区管理机构，统一规划建设、统一业态布局、统一协调管理。

打造夜间经济示范街区。以"一湖一环"景观带为重点区域，打造泉水特色夜间旅游聚集区。贯通趵突泉、五龙潭、大明湖、环城河公园体系，完善滨河、滨湖夜间休闲业态。以"泉城夜宴"为切入点，精心策划灯光秀、演艺秀、夜间游船等项目，构建标志性"夜旅游"发展带。

丰富夜间经济消费业态。繁荣"夜游"主题观光活动。推动开发护城河、大明湖夜间游船项目，完善船舱、船站、沿途服务配套，开设泉水船宴、明湖船宴等特色筵席，打造夜晚"船游泉城"系列产品，使其与"一湖一环"照明景观和"明湖秀"泉水灯光秀演艺相得益彰。鼓励景区夜间开放，创新夜间旅游产品，开展灯光节、音乐节、露营节等夜游节庆活动。

坚持高起点规划建设，树立精品意识和品牌意识，着力打造品牌夜市街区。将夜市街区建设与旧城改造和新区开发相结合，鼓励在新建居民小区周边规划建设夜市街区，强化商贸配套服务功能。加快现有夜市的改造提升，通过调整夜市业态，扩张经营规模，加强规范管理，打造一批条件好、特色鲜明、有一定知名度的夜市街区。鼓励现有美食街（城）进一步完善配套功能，丰富经营业态，延长营业时间，打造美食夜市。

其次，政府还开展了丰富多样的创业培训和创业指导活动，为大学生提供创业的必要知识和技能。这些培训和指导活动可以帮助大学生了解创业的风险和挑战，提供创新和管理的指导，增加创业的成功可能性，让大学生在创业过程中更加从容和有把握。关于在引导大学生创业这一问题上，全国各地政府部门采取了不同的应对措施。

黑龙江省明确提出：大学生可以优先转入相关专业学习，允许保留学籍休学创业创新，和毕业生一样享受国家的自主创业扶持政策，一方面坚决贯彻这些对大学生创业创新有着强烈支持作用的政策，另一方面从物质角度对大学生的创业创新行为给予肯定和帮助。哈尔滨市曾经对大学生的创业项目工作提出了一定的补贴，特别是在城镇创业的对其创业项目给予2000元的一次性创业项目补贴，对科技含量高、市场潜力大、能在短时间内形成经济增长点的优秀和重点科技创业项目，经评审给予20万～30万元的补助和奖励。

江西省同样明确规定学生休学创业的行为最多可以保留7年的学籍，在学籍保留的同时每年都将专门设置1000万元的资金充实青年创业就业基金，同时也重点支持1000名大学生开展返乡创业活动。

天津市作为我国的四大直辖市之一，同样对大学生的创业行为给予了充分的支持。对高校毕业生、留学回国人员注册资本50万元以下的公司可零首付注册，开辟"绿色通道"支持自主创业。其他各省市对大学生开展创业创新也分别提出了政策方面和物质资金方面的支持。这些支持条件的落地增强了大学生的创业信心，更加丰富的物质条件也大幅提升了大学生的创业成功率。

另外，政府还鼓励建立创业孵化器和创业基地，提供场地、设施、咨询和网络等资源支持，为大学生创业提供了良好的创业环境和创业资源。这些创业孵化器和创业基地不仅提供了物质上的支持，同时也促进了创业者之间的交流和合作，激发了创新创意的碰撞和融合。最后，政府还加大了对知识产权保护的力度，为大学生创业者提供了合法权益的保护。这为大学生的创意和创新提供了良好的环境，保障了他们的合法权益，鼓励他们更加大胆地创新创造。关于知识产权保护的相关法规成立更是确保大学生在创业过程中产生的一系列创意可以以知识产权的方式作为个人成果被推广应用，特别是有效防止了大学生的创意对其他资金实力更加雄厚的公司所占用而导致大学生本人维权艰难的问题。我国各省在知识产权保护方面的建设都取得了非常突出的成果。例如，山东省于2022年颁布了《山东省知识产权保护和促进条例》，针对山东省内的知识产权保护情况进行了非常详细的阐述。根据条例规定，作品、发明、实用新型、外观设计、商标、地理标志、商业秘密、集成电路布图设计、植物新品种、法律规定的其他客体都属于知识产权的范围。这也就意味着大学生在创业创新的过程中一旦提出上述几种形式中的一种新成果就可以受到该条例的保护。该条例的保护和落实极大程度上维护了大学生的创业创新潜力，这不仅是对知识产权人的尊重，更是在社会范围内形成了一股良好的氛围，形成一种尊重创业、尊重创业者的良好氛围。

总之，当前政策为大学生创业带来了巨大的机遇和发展空间。政策的出台不仅为大学生解决了创业中的诸多难题，也为他们提供了一个实现自我价值和梦想的平台。来自国家政府部门的政策支持和资金支持，在很大程度上打消了大学生在创业过程中的各种后顾之忧，另一方面也能够确保整个创业活动更加顺利地实施下去，为创业行为的成功增加了一份可能。

（2）宏观市场环境给大学生带来的机遇

当下的市场环境是多变且竞争激烈的。随着科技的不断发展和全球化的迅速推进，市场结构和消费者行为也在不断演变。无论是传统产业还是新兴行业，各行业都面临着来自国内外企业的激烈竞争。愈发激烈的市场竞争环境体现的是各国在产业发展过程中的思路进一步清晰，规划和目标进一步明确。新的市场环境不仅体现了生产力提升的新动力，更是孕育了一系列的新机会和新发展。在这个市场环境下，创新及市场营销能力成为企业取得竞争优势和实现持续发展的关键因素。企业需要加大研发投入，不断推出具有差异化竞争优势的产品和服务，以满足消费者日益多样化的需求。消费者需求的多样化在很大程度上进一步拓展了市场经营发展的空间，也产生了更多的新行业，而传统行业在全新的时代背景下也发生了进一步的改变和优化，行业的内容更加丰富，行业的形式更加多样。最典型的莫过于人们生活行为对行业发展的影响。随着现阶段生活节奏的加快和生活压力的增加，越来越多的年轻人选择饲养宠物。所以衍生出了一系列的宠物市场和宠物用品市场，随着宠物市场的持续发展，上门代遛、宠物民宿、宠物线下活动节等一系列的商机和商业活动持续开展。又出现了一系列新的商机，又衍生了一系列的新岗位。

同时，消费者观念的变化也在影响市场环境。消费者对品质、安全、环保等方面的要求不断提高，他们更加注重产品的价值与体验，倾向于选择具有社会责任感和绿色可持续发展的企业。消费者的消费观念对于市场的企业生存和经营战略调整有着非常明确的导向作用。特别是现阶段消费者对企业文化的评价将直接影响其消费行为。如果某个企业塑造的企业文化更加优良，在管理制度和运营方式上更加具有人性化，便更容易获得良好的社会口碑，这种社会口碑会在消费者群体中引起极大的好感，这种好感会在商家有目的的宣传下转化为经济利益。

【案例】

提起胖东来，几乎所有的消费者和商超零售者以及各大知名企业都纷纷竖起大拇指。因为该尝试可以说创造了一个商超模式的神话。创始人于东来是一个有初中文化的下岗工人。几度下海创业成立了胖东来超市。在胖东来超市中，顾客买的螃蟹要减去蟹身上缠绕的皮筋，顾客买的西瓜要免费帮顾客去掉瓜皮，超市的门口有专门为外卖小哥停车的棚，如果遇到雨天，超市工作人员还会为每一名送外卖的车商披上一次性的雨衣。所以，这就导致沃尔玛、家乐福、乐天等一系列在国际上享有盛名的超市却始终无法在许昌当地生存。

政策环境也对市场环境产生着深刻影响。政府鼓励创新创业，并出台了一系列支持政策，以促进市场活力和经济发展。但同时，政府也加大了市场监管和规范力度，推动行业发展朝着健康有序的方向发展。来自政府部门的相关政策可以对企业的创业创新行为产生有效的引导作用，对整个创业市场来说，更能通过科学的管理手段不断规范每一名创业者的行为，特别是加强对一些违规创业行为的监督管理，极大程度上净化了整个创业市场的环境，这也是对创业者创业权利的一种尊重和保障。总之，当下市场环境具有高度竞争、多元化需求、注重价值与体验等特点，企业需要不断提升自身核心竞争力，加强创新能力和品牌建设，同时积极应对政策和消费者观念的变化，以适应和引领市场的发展趋势。

（3）创业方面的舆论给大学生创业提供了机遇

我国秉持着对创业的支持态度，社会舆论也充分体现了这一特点。广大媒体和舆论场所普遍认可和宣扬创业精神，积极传递有关创业的正能量和成功案例，以鼓励更多的人参与到创业活动中来。创业舆论给创业者的创业行为带来的影响更多是精神上的支持与鼓舞，来自舆论方面的支持可以打消创业者在创业过程中存在的顾虑，特别是在犹豫不决时可能会因为舆论的支持而坚定决心统筹开展个人的专业创业计划。创业舆论对创业者的行为影响主要可以概述为以下几点。

新闻媒体舆论对创业者创业行为的影响。各大主流媒体和商业媒体都针对创业者在创业过程中的经历故事和经验进行非常详细的报道，在报道整个创业过程时不仅介绍了相关的专业知识，更重要的是突出他们在企业发展、科技创新、社会贡献等方面的成就，给予他们褒奖和宣传。在宣传这些人物的正面形象的同时给予其他相同情况和经历的创业者以勇气。这些报道既展示了创业者们勇于担当、敢为人先的创新意识，也体现了他们对社会经济发展做出的积极贡献，激发了广大群众的创业热情和追求成功的动力。更重要的是，新闻媒体本身有着非常强的权威性，媒体的宣传工作在群众群体中有着极大的公信力。这种公信力可以进一步增强有创业意向的人员对整个创业过程的了解以及在创业过程中应当具备的精神。媒体舆论的造势宣传可以为一个国家的创业氛围优化产生极大的促进作用。

社交媒体成为创业舆论传播的重要渠道。社交媒体相对于官方新闻媒体其交际性和互动性进一步增强。社交媒体的使用者可以根据媒体的主题和制作者之间进行充分互动，在发现个人感兴趣内容的同时做更加详细的沟通，一方面可以将个人的构思进一步细化，另一方面也可以在深入沟通的过程中发现个人在创业构思方面存在的不足之处，做一次有针对性的调整或重大的改变。而且更为重要的一点是，社交媒体相对于新闻等官方媒体更和普通人的日常生活接近，这就更能让人认识到创业成功其实往往都在每一个人的身边，都在日常生活中。例如，在抖音、微博、微信等社交媒体平台上，创业者们经常分享自己的创业经历和心得体会，与粉丝们交流互动。他们用自己的实际经历和成功案例，向年轻人传递创业的理念和信念，激发他们勇于创新、积极创业的热情。同时，社交媒体上也会出现各类专门讨论创业话题的论坛和社群，为创业者提供了交流互助的平台，形成了良好的创业氛围。

**【案例】**

小芳是一名刚刚毕业的大学生，全心备战考研而错过了最佳的找工作时机。于是她决定尝试走创业之路。但在具体的创业项目上并没有非常明确的构思。一次偶然的机会，小芳对一种经济模式开始感兴趣——自媒体卖货。这是一种集自媒体视频拍摄和带货链接于一体的短视频运营模式。这种模式的投入极低，只需要购买一只麦克风并熟练使用专业的视频剪辑软件即可。小芳在短视频中认识到这种模式后并详细了解了该模式的所有细节。她自认为颜值出众且善长穿衣打扮，在拍摄短视频的初始阶段便收获了可观的播放量，而后又把性价比高的多件商品以链接形式放大视频的下方，很快拿到了不菲的带货收入。

除了短视频的大力宣传以外，政府部门对创业的舆论支持和引导同样发挥了至关重要的作用。政府相关部门对社会舆论有着管理的功能。如果不能得到来自政府部门的大力支持，与创业相关的主题舆论也很难在全社会流行开来。我国政府积极出台创新创业相关政策，支持创业者在资金、税收、人才引进等方面获得优惠政策和扶持资源。政府部门通过各种途径向社会宣传创业政策，组织创业大赛、创业讲座等活动，为创业者提供培训和指导，帮助他们实现创业梦想。这些举措在一定程度上形成了支持创业的舆论氛围，激发了创业者的创新热情。所以，综合这一系列的内容来看，当下的市场就业环境对创业者的创业行为有着极大的利好。首先，宏观政策给大学生创业提供了强有力的支持，市场环境的变化和消费者消费心理的改变也为创业者的创业行为提供了更多的思路和模式参考。新闻媒体舆论的宣传更是在某种程度上坚定了创业者的创业信心，特别是社交性媒体平台的应用，不仅对创业者进行了精神上的鼓舞还提供了一定的创业思路参考。而优良的创业舆论环境同样离不开政府部门的职责发挥，加强对创业娱乐环境的监督与管理是确保整个创业活动良性开展，给创业者本人以及整个社会带来积极作用的重要条件。

## 二、大学生就业与创业的基本关系

### （一）创业是解决就业难的重要途径

创业活动的开展是解决就业难问题的重要途径，也是解决大学生就业难的最佳选择。

#### 1.解决大学生就业难的途径

根据以上分析可以看出，造成大学生就业难的最根本的原因是大学生的实践能力不强。因此，要解决大学生就业难的问题，根本的途径就是要提高大学生的实践能力。根据前文的综述，我们归纳出目前解决大学生就业难的途径主要有以下几种。

第一种，由政府健全制度、完善法律。提高大学生就业能力、促进大学生就业是关系民生和社会稳定的重要工作，各级政府和教育主管部门要从各个方面健全规章制度、完善法律体系，为大学生充分就业创造一个良好的外部环境。

第二种，加大对中小企业的扶植。从企业规模结构来看，首先是几万人的大企业解决就业，后来就是中小企业解决就业。英国、德国、美国等国家的经验显示，65%～80%的从业者在中小企业就业。2004年我国就业率最高的是私营企业，其次是有限责任公司，第三是个体户，它们占全部新增就业的80%，这说明发展自由职业、微型企业和中小企业是提高就业率的出路之一。

第三种，鼓励大学生以创业带动就业。创业属于积极就业的一种形式，大学生是高素质的人力资本，他们可以通过个人的努力，利用所学到的知识和技能，以技术、自筹资金、技术入股、资金合作等方式，努力创新，寻求机会，将其人力资本转变为社会财富。这一过程不但可以给自己创造机会，而且可以带动其他人就业。在一般情况下，一个创业可以带动5人就业，可以想象随着大学生自主创业的不断增加，就业市场需求必将得到大幅度的提升。

2. 创业是解决大学生就业难的最佳选择

（1）可以促进大学生的全面发展，提高大学生的综合素质

1998年首届世界高等教育会议召开，发表了《高等教育改革和发展的优先行动框架》，这个行动框架强调高等教育必须将创业技能和创业精神作为基本目标，以使高校毕业生不仅仅是求职者，而且首先是工作岗位的创造者。大学生创业不仅要求大学生掌握创业的相关理论知识，还要求大学生具有一定创业实践技能。鼓励大学生创业是提高大学生素质教育不可缺少的一部分，不仅可以转变大学生的就业观念，拓宽大学生的就业思路，使大学生能够适应社会的发展和环境的改变，从而成功就业；而且在极大程度上有助于大学生的全面发展，帮助大学生提高综合素质能力和就业能力。

（2）创业本身就是一种就业

从创业的概念来看，赵建旭学者认为，"创业是通过创办企业、合伙组织或者个体经营、开拓新的项目来开拓新的就业门路、开辟新的就业岗位。"这一概念表明，

创业实际上就是自主寻找就业机会，是一种采取积极的方式去就业。大学生通过创业将自己所学的知识转化为财富，就是一种新的就业门路，一种新的就业方式。

（3）一个大学生创业可以带动数倍大学生就业

无论是什么形式的创业，都是通过自主创办企业来实现自身的就业。根据赵建旭学者对创业问题的研究结果来看，成立新公司带来的最直接的影响就是为社会提供了新的就业岗位，进而引起就业的倍增效应。他在对于创业者文化程度与吸纳就业之间关系的这一研究中指出，"从创业者文化程度与吸纳就业情况的交叉分析看，初中、高中、职高、中专、技校等中等学历创业者普遍吸纳就业1～3人，大专及大学以上学历创业者占吸纳就业50人以上群体的60%，受教育程度直接左右创业吸纳就业的倍增效应。"大学生作为高学历的拥有者，既具备渊博的知识，也拥有可以创业的激情与精神。因此大学生创业，不仅能够解决自己的就业问题也能够通过创办企业为更多的人提供就业岗位，带来就业的倍增。

3. 大学生创业个案分析

近十年来大学生创业活动不断兴起，而且逐步进入一个成熟的阶段。北京易得方舟信息技术有限公司 Fan So 是由清华大学经济学专业硕士研究生鲁军于1999年创建的，它是国内第一家由在校大学生创业、吸引风险投资创办的互联网公司。作为 ICP（因特网内容提供商）公司，其开辟了"新闻在线""环球影视""啸林书院""打开音乐""游戏辞海"和"我的家"等频道，还提出了一套全新的"中国高校电子校园解决方案"，为加速中国高校校园电子化建设进程服务。Fan So 已经从一个不到10人的创业团队发展成为拥有60余名员工的初具规模的商业公司，2000年再次成功融资660万，其页面浏览量已经突破250万，在4个月内就成长为教育网内最大的站点，不仅解决了自己的就业问题也解决了这60余名大学生的就业问题。1999年，清华大学材料系的三位学生邱虹云、王科和徐中靠打工挣的钱和朋友、家人的资助，筹集50万元注册了多媒体投影机"视美乐"，吸收了大量的大学毕业生成为其优良的技术团队。被媒体誉为中国第一家大学生高科技公司。两个月后，上海第一百货商店股份有限公司与"视美乐"签订注入5250万元风险投资的协议，这是中国第一例本土化的风险投资。1999年12月，"视美乐"的专利产品——多媒体超大屏幕投影机中试成功。2000年，澳柯玛集团投资3000万元与"视美乐"合资注册成立北京澳柯玛视美乐信息技术有限公司（简称澳视），开发、生产、销售多媒体超大屏幕投影机及相关视听产品。2000 年，年产 10 万台多媒体投影机生产基地在青岛经济技术开发区落成，该投影机涉及光学、电子、机械等多方面的尖端专业技术，可播放计算机、电视等多种数字及模拟信号，是与 Internet 相连的领导世界新潮的产品，目前产品已顺利投放市场。复旦大学计算机专业学生顾橙勇，2002 年毕业回农村卖鸡蛋，3 年来，他不仅成了"阿强鸡蛋"的负责人之一，而且成了业内的知名人士。首先，他成功开发了鸡蛋"身份证"。2002 年底，顾橙勇凭着大学四年学到的计算机专业知识，以及对鸡蛋的了解，通过半年探讨、实验，研制开发出"阿强鸡蛋"的网上身份查询系统，这在上海所有农产品中属首家。2004 年底小顾又推出阿强"头窝鸡蛋"，受到上海市民欢迎。由于"头窝鸡蛋"数量有限，价格也就比普通鸡蛋翻了一番。单凭"头窝鸡蛋"，公司一年就多赚 35 万元。他不是通过在毕业后找工作而就业的，而是通过积极地进行创业而成功的。

上述案例是大学生创业的一些典型，表明了鼓励大学生创业、让他们积极地将自己所学的知识转化为资本，并以此就业是可行的。而且创业可以为更多的大学生提供就业岗位，缓解更多人的就业问题。大学生拥有丰富的科学知识，是具有高素质的人力资源，在知识经济时代，创业日渐成为就业的一种全新的模式，是缓解大学生就业压力的一种新途径，其意义远远超出了这一形式本身。从长远来看，它不仅促进我国高等教育在造就高素质创新人才上进行全新的教育模式和培养体系的改革，而且鼓励大学生在人才的知识结构、科研能力、创新能力、经营管理能力、协作能力等方面全面的发展。因此，鼓励大学生通过创业带动就业来解决"就业难"问题势在必行。

（二）宏观经济趋势要求创业带动就业

1. 创业带动就业

创业带动就业是指个人或团体通过创新和创造来开展商业活动，从而创造就业机会，促进劳动者就业。创业者通过创立新的企业或开展新的业务，不仅为自身创造了就业机会，还为社会提供了更多的就业岗位。

2. 创业带动就业的表现

创业带动就业主要体现在以下几个方面。

（1）创业创新带来的新产业和新业态

创业者通过创新和创造力，催生出新的产业和业态，从而直接带动就业机会的增加。例如，互联网经济的发展催生了大量的互联网企业和新兴行业，为社会创造了大量的就业机会。互联网的发展在很大程度上彰显了最新的行业发展动态。最新的行业发展动态为创业者进行一系列的创业行为提供了极大的参考作用。创业者创业行为的实施需要在日新月异的行业发展变化中不断捕捉新的商机。互联网经济发展的持续变化给新产业带来了巨大的发展生态系统。在互联网行业中出现一个新的商机，其周期要远远短于传统的线下实体行业。创业时期的出现周期进一步缩短让越来越多的人，特别是刚刚大学毕业的学生能够积极投入到互联网创业的过程中去，而这种创业行为本身就产生了极大的就业岗位需求，创业者的创业带动了就业者的就业，这就是其中一种表现非常稳定且密切的联系。

（2）创业引发的就业链条效应

创业在创业者自身获得就业的同时，还会带动相关产业的发展和就业岗位的增加。比如，一家餐饮企业的创业可以直接创造服务员、厨师等职位，同时也会牵引食材供应商、餐具制造商等相关行业的就业增长。更关键的是，创业者和就业者之间的关系是一对多，往往不是一对一。通俗地说，创业者的数量和由于这种创业行为所带来的就业者数量是完全不同的。一名创业者创立的企业往往需要招聘多名工作人员。即便是一个很小的奶茶窗口，往往也需要聘请2～3名工作人员。至于各类创业的企业所聘请的员工数量更多。因此，一名创业者在创业过程中需要聘请多名员工，这也就是由于创业行为的发生导致整个就业的链条产生了持续的连锁反应，对于缓解就业压力有着极为重要的作用。

（3）创业带动的间接就业

创业行为所带来的就业问题不仅仅是直接就业，同时也包括一系列的衍生性创业和由于衍生性创业所带来的更加丰富的就业机会。这主要是因为创业行为的开展需要对区域内的各项资源和条件进行统筹的利用，能够把区域内的多数资源密切结合起来进行充分考量，只有各项条件符合创业者的需求和规划后，创业行为才能开展下去。创业过程中伴随着对各类资源的需求，包括物流、人力资源、咨询服务等，这些需求进一步刺激了相关行业的发展，从而间接带动就业增长。例如，电商行业的兴起催生了物流行业的蓬勃发展，同时还为仓储、快递等岗位提供了大量的就业机会。

【案例】

某东南沿海城市为了促进本地的经济发展，花费大量的资金新建了一个创业产业园区，针对创业产业园区的准入门槛和税收优惠以及创业资质管理等多方面提出了非常大的优惠力度。由于当地是我国最大的轻工业基地，生产的各种家居小商品畅销全国。于是很快吸引了一大批的创业者加入，特别是高校毕业生在享受着巨大的创业优惠条件下到当地开展创业。随着当地创业园区的日益丰富，商品的运输和快递很快成了一个问题，于是政府部门便在园区附近又重新划拨了一块土地成立了专门的物流园区为工业园的产品运输提供便利。而随着该地的人口数量越来越多，特别是工厂工人数量越来越多，产业园区附近在当地政府的支持下也出现了地摊经济、餐饮娱乐设施、幼儿园托管班等一系列满足工厂工人基本生活需求的其他配套设施。创业园区从无到有，从小规模逐渐成长为大规模，不仅给当地的财政税收带来了极大的刺激，更是增加了近1万个工作岗位。

（4）创业培育的创业生态系统

创业生态系统涵盖了创业者、投资机构、创新孵化器、业务支持服务等多个环节，这些环节的发展必将支撑创业者的成长和创业公司的发展，进而带动就业岗位的增加。创新孵化器、投资机构和孵化机构提供了创业者所需的创新资源和资金支持，而业务支持服务则为创业公司提供了从财务、营销到人力资源等方面的专业支持，进一步助力创业就业的发展。

创业本身是创业者将个人的创业计划付诸实践的过程。但由于创业者自身的经验比较缺乏或没有具备非常突出的专业创业能力，在很大程度上要面临创业失败或创业亏损的结果。以2022年为例，我国相关统计部门针对毕业一年后的大学生在就业择业方面的详细情况进行了调查。调查的最终结果发现，在所有的大学生中，只有4%的学生选择了创业这条路，而在这4%的学生中，只有2.8%的学生成功创业。这是一个极低的比例。我国2022年有1076万大学毕业生，在这1076万的大学毕业生中只有53.8万的大学生选择了创业这条路，而在53.8万的大学生中只有1.5万大学生成功创业。换而言之，成功创业的大学生占大学生毕业总人数的0.14%。之所以53.8万的大学生中有超过50万的学生创业失败，很大程度上是因为其创业经验的缺乏和前期的准备工作不够。而社会人员所进行的创业行为虽然成功率比大学生高，但在整个过程中也面临着各种不确定的创业风险。因此，在这种背景和环境条件下，针对创业者的创业能力培训市场兴起便成为一种基本的趋势。

3.创业带动就业的积极意义

（1）有利于更好应对社会经济危机

随着我国产业结构的不断调整，企业也逐渐开始由劳动密集型向资本密集型方向转变，这也让部分企业解决了在转型和升级过程中存在的就业问题，从而让我国社会就业效率真正得到提升。不仅如此，随着我国就业途径的不断扩大，对于现代社会就业形势也起到了全面优化的作用。例如，公益类岗位的开发使得大学生群体就业难问题得到了很大缓解；就业政策的制定使得企业在吸收人才方面表现得更加主动、积极。而企业空间的多层次与多形式发展，也使广大劳动者自主创业的主动性得到增强，由此构建出企业就业扩大与现代经济协调发展的新格局。上述所提出的一系列发展就业的形式能够有效提高就业效率，从而更好应对社会经济危机，并以此推动社会经济更加稳定健康发展。

（2）有利于更好践行人才强国战略

一直以来，我国都将人才强国战略视为发展的重点。而落实就业和推动经济发展则是非常迫切的一项任务。但是，不管是现代社会的经济或是国家发展均离不开高素质人才的支撑。对此，为尽可能获得更多人才的支持，我国需积极致力于解决就业岗位的供需矛盾问题，以此降低社会对劳动力的需求量。同时，要全面践行人才强国战略，国家应积极采取新型的创业带动就业模式，为大学生创业提供各种支持与鼓励，这样才能将更多劳动者的身份转变为创业者，并逐步在社会运行过程中营造良好的创业就业氛围。

（3）有利于推动社会经济朝着可持续性方向发展

工作是当代民众生活中不可或缺的重要组成，大多数民众获取报酬的途径也都是工作。可见，工作是促使人们更好实现自我价值，并以此推动社会经济稳定发展的重要手段。在现代社会存在就业率较低、人才素质与岗位要求不符合的情况下，可以积极采取创业的方式来增加就业需求，这样不但能够很好地解决社会在不断发展过程中存在的社会问题，而且还能够让社会运行中的经济问题得到更好地解决，从而有效提升社会个体的经济收入，让更多高素质人才更好地实现自我价值，为创建新型国家奠定坚实的基础。例如，在高校学生的日常学习过程中，除了要学习专业理论知识，还要掌握实践技能；教师在教授理论知识的同时也要联系工作实际，如此方能最大限度地提升大学生的创业率。同时，大学生是当前社会中具有一定创业潜力的群体，也是贯彻落实创业带动就业战略的砥柱，因此，唯有夯实大学生的专业基础并联系工作实际，促使其掌握一定的实践经验，方能为国家建设提供更多的助力，继而维护社会发展的繁荣与稳定。

（三）劳动者具有很强的创业需求

劳动者在创业过程中有一定的需求，主要包括以下几个方面。

实现经济增长和财富创造。劳动者创业的一个重要需求是通过创业实现经济增长和财富创造。创业提供了一种机会，让劳动者利用自己的创新、创造力和努力创造价值，并获得经济回报。这也是一名劳动者开展创业行为的最终目的。一名劳动者在创业的过程中选择创业这条道路最根本的原因不是为整个行业的发展做贡献，也不是为政府部门增加丰厚的财政收入，更不是为其他失业人员提供工作机会，而是获得足够的利润，让自己在物质生活条件方面得到改善，使个人的生活质量得以全面提升。虽然为社会发展做贡献、增加政府机构的财政收入等一系列内容也会成为劳动者创业行为实施所带来的其他有利因素和积极影响，但没有一名创业者在创业过程中是以这些为目标的，这也符合企业的本质。众所周知，企业是以盈利为目的的法人，获得利润才是企业在生产经营过程中要追求的重要目标，任何一名创业者在创办企业的过程中都要把追求利润作为首要目标，这是每一名创业人员最直接、最迫切的需要。

实现个人发展和自我实现。创业不仅仅是创造财富，也是一种实现个人发展和自我实现的方式。通过创业，劳动者可以充分发挥自己的才智和能力，追求个人的价值和梦想。创业过程中的挑战和成长也有助于提升个人的技能和经验。单纯就业和创业这两个不同的领域，创业行为对一个人的经验丰富和能力提升所产生的效果是极其显著的。对相关人员的能力提升要远远比就业行为更加突出且明显。一个人在就业过程中只是完成上级部门交付的各项任务，接触的工作面和工作领域都比较有限。但一个人在创业过程中会接触多个领域、多个方面的知识，虽然就业和创业所面临的工作量以及身心消耗程度是不同的，但这也不能否认创业行为对一个人的身心所产生的重要作用。不妨以厨师和餐厅老板做对比，厨师平时的工作内容就是按照顾客的要求完成出餐，所涉及的工作内容也都是如何处理并加工食材。而餐厅老板要负责的内容有很多方面，主要包括餐厅材料的采购、人员的管理、菜单的更新、店铺的宣传，如果只是小规模的餐饮店，老板甚至还要负责卫生的清洁和顾客的接待。而其中每一项工作都有着不同的细节和对应方面，对老板提出了极为严格的专业要求。老板在创业的过程中会逐渐掌握这些专业的知识，个人的经验和综合能力会得到进一步提升。

获得自主决策权和控制权。许多劳动者希望通过创业获得自主决策权和控制权。相比于在他人管理下工作，创业提供了一个自主塑造自己事业的机会，让劳动者能够根据自己的想法和价值观来决策和管理企业。获得自主决策权和控制权是影响一个人创业活动的重要动机之一，但在很多情况下却并不能成为影响其创业行为最主要的需求点。归根结底，这还是因为创业行为本身就是为了获得利润而开展的一系列行为，创业过程中会伴随着一系列的成本支出和物力投入，这些物理投入要以回报的方式转移到创业者手中，同时对创业者本人的经验和能力产生积极的促进作用。所以在很多创业者选择创业的过程中，自身的决策能力会得到锻炼，这是毋庸置疑的，但这却并不是创业者决定创业的本质目的，更不能成为创业者在创业过程中所明确的一个非常重要的基本需求。

创造就业机会和提供工作岗位。创业不仅能够为劳动者自己创造工作岗位，同时也可以为他人提供就业机会。劳动者创办的企业和公司能够为社会创造就业机会，促进就业和社会稳定。创业者在进行创业的过程中会把这种动机考虑在内，但在很多情况下这并不是某次创业活动进行的唯一原因，甚至不能成为最主要的原因。因为创业的最根本的目的是追求利润，在一般情况下只有极个别人才会把创业看成一种为他人就业提供便利和服务的机会。即便是在某些时间，国家相关部门集中整理了有关鼓励民众开展创业以支持其他人就业并有效缓解失业现象的号召，并为此出台了一系列的帮扶性举措，但创业者之所以响应这一举措，很大程度上也是因为政府部门的政策或其他方面的优惠条件给创业者带来的利好，而不是出于创业者本人的社会责任感。

实现社会责任和推动社会发展。创业可以成为劳动者实现社会责任和推动社会发展的一种方式。劳动者的创业活动可以涉及社会问题解决、环境保护、公益慈善等领域，为社会做出积极贡献。创业者在创业过程中也会实现社会责任并推动社会的发展。虽然实现这种具有公益性的创业动机并不是创业人创业的最主要的目的，但也会成为创业人创业的一个重要出发点。

一个人的创业动机在很大程度上受时间和环境以及其他条件的影响。服务于社会作为一个人最主要的创业动机也不是没有可能。最典型的莫过于20世纪所掀起的一系列创业潮。随着南京条约、马关条约和辛丑条约等一系列不平等条约的签订，我国被迫与世界市场接轨，西方列强对我国经济的影响越来越大。品质优良且价格低廉的工业产品对我国传统的手工业和商业产品形成了巨大的冲击。所以人们在此背景下掀起了实业救国的热潮。张謇创办了大生纱厂，侯德邦创立了制碱厂，荣宗敬创办了面粉厂，还有其他几名民族企业家和资本家也纷纷投入到创业救国的道路中去。这一系列的创业案例和创业行为不仅仅是获得丰厚的创业利润，更主要的是让祖国的经济体系不至于受到西方资本主义国家的商品经济大量冲击而影响百姓的生活。所以，这一时期所掀起的一系列创业行为就是源于创业者本身的那一股浓郁的家国情怀和社会责任。因此，在分析一名创业者创业需求的过程中，需要密切结合创业者所处的时代背景和各种条件以及环境因素，综合这些因素对客观的创业形式有一个全面的判断和综合性的认知。

综上所述，劳动者在创业过程中存在一些需求。当然，每个劳动者的需求并不完全相同，因此在实际创业过程中也可能有其他个体化的需求。为了适应多样化的需求，社会应该提供相应的创业支持和机会，鼓励和促进劳动者创业创新，进一步激发创业活力，推动经济和社会的发展。

## 第四节 大学生就业与创业的差异

### 一、实施基础方面的差异

（一）大学生就业的实施基础

大学生开展就业的基础有以下几个方面。

1.学历背景基础

大学生通过接受高等教育，获得了相对全面的知识与技能。这为他们进入职场提供了必要的基础。大学生应注重学业，掌握专业知识，培养实际应用能力，提高自身竞争力。大学生的学历基础对其就业具有重要影响。以下是学历对大学生就业的一些影响。

提供就业的基本要求。在当前的职业市场上，许多职位对应聘者的学历有明确的要求。拥有大学学历的大学生更容易满足这些基本要求，从而提高就业的机会。

展示专业知识和能力。通过接受高等教育，大学生获得了专业知识和技能，在特定领域内具备一定的专业素养。这些知识和能力可以帮助大学生在就业中更好地适应岗位需求，展现自己的能力和潜力。

彰显综合素质。大学学习期间，学生不仅在学术上有所积累，还有机会参与各类实践活动、社团组织等，培养了一定的综合素质，如团队合作能力、沟通表达能力、创新思维等。这些综合素质在就业中也具有重要意义。

影响职业选择和发展。学历在一定程度上也影响着个人的职业选择和发展方向。学历的高低与某些职业的要求和发展前景有一定关联，例如，一些专业性较强的岗位会对学历要求较高，而某些职业则更注重实践经验。

2.实践经验基础

大学生可以通过实习、兼职、社会实践等方式积累实践经验。实践经验可以展示个人能力和潜力，提高就业竞争力。大学生应该主动参与各类实践活动，积极拓宽自己的视野和经验。大学生的实践经验对其就业具有重要的影响，主要有以下几个方面。

提升就业竞争力。实践经验可以展示个人的能力和潜力，增加就业时的竞争力。通过实习、兼职、社会实践等方式，大学生可以在真实的工作环境中获得经验，掌握实际操作技能，提高自身的专业素养和能力，使自己更具就业价值。增加对职业的认知和适应能力。通过实践经验，大学生可以更好地了解不同行业和职业的需求和特点，对自己的职业选择有更明确的认知。

展现个人积极进取和动力。拥有实践经验的大学生通常表现出积极进取、主动探索的精神，这对雇主来说是一个重要的参考因素。实践经验能够反映个人的学习态度和工作态度，显示出自我发展的激情和动力。

增强自信心和自我认知。实践经验可以让大学生更全面地认识自己，在实践中发现自身的优势和不足，进一步明确自己的职业规划和发展方向。同时，通过实践经验的积累，大学生也可以更有信心地面对就业挑战，增强面对工作压力和职业困难的应对能力。

此外，实践经验还可以增加大学生对职场的适应能力，使其能够更快速地融入工作环境，更好地适应职业发展的要求。建立社会关系和人脉资源。实践经验提供了大学生与各类人才和资源建立联系的机会，帮助他们扩展人际关系和建立广泛的社交网络。这些人脉资源在就业过程中起到重要的作用，可以提供就业机会、职业发展的支持和指导。

与此同时，我们更要认识到，缺乏工作经验对大学生的就业影响是存在的，但并不是决定性的因素。大学生缺乏工作经验可能导致以下问题。①就业竞争力不足。在就业市场上，很多公司更倾向于招聘有工作经验的候选人，相比于缺乏实践经验的大学生，有一定工作经验的候选人更容易适应岗位需求，更具备解决问题的能力，因此更有竞争力。②缺乏职业适应能力。缺乏工作经验的大学生可能面临在职场中适应的困难，包括与同事和上级的沟通协作、工作压力和时间管理等方面的挑战，这些都需要通过实践经验来培养和改善。③对职业的认知不足。缺乏工作经验的大学生可能对自己未来的职业发展方向和具体要求缺乏清晰的认知，他们可能无法准确了解不同行业和职业的工作内容、职业前景和发展路径，从而难以做出明智的职业规划。然而，即使缺乏工作经验，大学生仍然有许多方式可以弥补不足，包括积极参加实习、兼职、志愿者工作、社团活动等，通过这些方式可以获得一些与职业相关的实践经验。

此外，大学生可以利用校内外的培训机会来提升自己的技能和知识，增加在特定领域的竞争力。同时，大学生还可以通过与成功的职业人士建立联系，寻求他们的指导和经验分享，以更好地了解职业发展和就业市场。总之，缺乏工作经验对大学生的就业有一定的影响，但并非决定性的因素。大学生可以通过其他途径来获得实践经验和提升就业竞争力，从而更好地实现个人发展和就业目标。

3. 职业规划基础

大学生应该制定明确的职业规划和发展目标。他们需要了解自身的优势和不足，结合自己的兴趣、能力和市场需求，选择适合自己发展的职业方向。有明确的职业目标可以提高就业效果。职业规划对一个人的就业有着重要的影响。一个清晰的职业规划可以帮助个人明确自己的职业目标、发展方向和所需技能，从而更好地适应、应对就业市场的变化和需求。

首先，清晰的职业规划使个人能更好地了解自己、认识自己的优势和劣势。通过自我评估，个人能够明确自己的兴趣、价值观、特长和能力，从而找到与之相匹配的职业领域。在就业市场竞争激烈的环境下，了解自己并进行有针对性的职业规划，有助于个人更好地找到适合自己的工作岗位，提高就业的成功率。

其次，清晰的职业规划有助于个人提前了解和掌握目标职业所需的技能和知识。职业规划可以帮助个人制订明确的学习计划，有针对性地开展相关培训和学习，提高自己的职业素养和竞争力。在快速变化的职业环境中，拥有相关技能和知识的个人更容易适应市场需求，增加就业机会。

此外，清晰的职业规划可以帮助个人制定明确的职业发展路径。职业规划不仅关注当前的就业需求，还要关注个人的长期发展。通过设置短期和长期的职业目标，个人可以有计划地进行工作经验的积累、能力的提升和职位的晋升。具有明确职业规划的个人往往能更好地规划自己的职业发展，取得更好的职业成就。总之，职业规划的清晰性对个人的就业有着重要的影响。清晰的职业规划能够帮助个人了解自己、明确目标、提升能力并制订发展计划。

综上所述，职业规划的清晰性对个人的就业影响比较大，但也是有限度的。如果当事人能够认识到由于职业规划不清晰所带来的这一系列负面的问题并及时做出调整，则完全可以避免这一问题对个人生涯发展所产生持续性的负面影响。而且一个人调整职业规划所付出的时间成本和物理成本都比较低。

4. 自我营销基础

大学生需要具备良好的自我表达和推销能力。他们要学会撰写优秀的简历和求职信，掌握有效的面试技巧。同时，通过建立个人品牌，积极参与社交媒体等渠道，展示自己的才华和潜力。自我营销是指个人通过有效的方式来展示自己的优点、能力和价值，以吸引雇主或招聘者注意并增加就业机会的行为。自我营销不到位可能对个人的就业产生一定的负面影响，但其程度取决于个人情况和就业环境。

如果一个人没有进行有效的自我营销，可能会面临以下问题。①缺乏竞争力。在竞争激烈的就业市场上，雇主往往倾向于选择那些能够全面展示自己优势和能力的人，如果个人没有做好自我宣传，无法突出自己的亮点和特长，就很难与其他候选人竞争，从而减少了就业机会。②难以引起雇主的关注。自我营销不到位可能使个人难以吸引雇主的关注，雇主通常通过简历、面试和其他沟通方式来了解候选人，如果个人没有完善的自我宣传，就无法在短时间内吸引雇主的注意力，从而错失就业机会，无法有效展示自己的能力和潜力。自我营销不到位可能导致个人无法充分展示自己的能力和潜力，从而被误解或低估。个人在应聘过程中需要适时展示自己的工作经验、专业知识、解决问题的能力等，如果没有充分宣传自己的优势，雇主很难正确评估个人的潜力和能力，进而影响就业决策。

综上所述，自我营销不到位可能对个人的就业产生一定的影响。在竞争激烈的就业市场中，个人需要充分意识到自我营销的重要性，并通过有效的方式展示自己的优势和能力，增加就业机会。同时，与规范的自我营销相比，过度夸大和虚假宣传都是不可取的，个人应该根据自身实际情况，遵循诚信和道德原则进行自我推销。

5. 人际网络基础

大学生应该积极扩展人际关系，建立广泛的社交网络。认识更多的人，与各类人才和资源产生联系，有助于获得就业机会和职业发展。大学生可以通过参加校园活动、社团组织和社会实践等方式，拓展人脉关系。人际网络较少对个人的就业影响的严重程度取决于个人的情况和就业环境。如果一个人的人际网络较少，可能会面临以下问题。

缺乏就业机会的获取渠道。人际网络通常可以为个人提供获取就业机会的渠道和资源。如果个人的人际网络较少，就很难得到他人的帮助和推荐，进而限制了获取就业机会的渠道，错失了一些潜在的就业机会。在职业发展过程中，有时候就业机会并非通过正式的渠道发布，而是通过人际网络传递。如果个人的人际网络较少，就很难得知这些潜在的就业机会，从而错失一些可能的职业发展机会。

难以获得有价值的职业建议和指导。人际网络可以为个人提供有价值的职业建议和指导，帮助个人更好地规划职业发展和就业。如果个人的人际网络较少，就很难得到这些有益的指导，可能导致职业发展方向不明确，影响就业决策。

综上所述，人际网络较少可能对个人的就业产生一定的影响。在就业市场中，个人需要意识到人际网络的重要性，并主动扩展自己的人际关系，增加获取就业机会的渠道。同时，个人应该通过真诚交往和积极帮助他人来建立稳固和有价值的人际网络，而不是仅仅寻求短期的个人利益。

然而，应注意的是，个人的能力、知识和经验仍然是评判就业能力的重要因素。虽然人际网络可以提供一些支持和机会，但它并不能替代个人的职业素养和竞争力。个人应该注重自身的职业发展和自我提升，不仅仅依靠人际网络来获取就业机会。此外，广泛的人际网络并不意味着就能获得高质量的就业机会，关键还是要建立真实、稳固的人际关系，注重互助、诚信和合作。

### 6. 身心健康

身心健康是大学生开展就业的基础条件之一。他们应保持积极乐观的心态，保护好自己的身体和心理健康。良好的身心状态可以提高工作效率和适应能力，更好地应对职场挑战。

身体健康情况对个人的就业影响非常大。身体健康是一个人能够积极从事工作和发展事业的基础。如果一个人身体不健康，可能会面临以下问题。①工作能力受限。身体不健康可能导致个人的工作能力受到限制，如持续疲劳、体力不支或无法承受长时间的工作压力，这将影响个人的工作效率和表现，可能减少就业机会。②缺乏稳定的就业机会。某些行业对工作者的身体状况有特定要求，特别是需要从事重体力劳动或在特殊环境中工作，如果个人身体不健康，就可能无法胜任这些工作，限制了稳定的就业机会。③难以应对工作压力。工作常常伴随着较高的工作压力和复杂的工作环境，如果个人身体不健康，容易受到身体和心理上的影响，增加应对工作压力的困难，这将影响个人的工作表现和职业发展。④缺乏职业发展机会。身体原因可能导致个人无法参与培训、学习和职业发展的机会，限制了个人的职业成长和晋升。综上所述，身体健康情况对个人的就业影响非常严重，如果一个人的身体健康情况无法得到保障，那么就业这种发展型的行为更是无从谈起。

总之，大学生开展就业的基础需要综合考虑学术素养、实践经验、职业规划、自我营销、人际网络和身心健康等多个方面。通过努力提升自身素质，不断拓宽就业渠道，积极适应就业市场变化，大学生将能够更好地实现个人发展和社会价值。

### （二）大学生创业的实施基础

#### 1. 大学生创业的学历基础

大学生创业的学历基础具体指的是创业者所具备的教育背景和学术知识。一般来说，大学生创业者通过在高等教育机构接受系统的大学教育，获得相应的学历，拓展知识面和专业技能，为创业提供了坚实的基础。

学历基础对于大学生创业至关重要。首先，大学教育为创业者提供了广泛的学科知识和学术背景，使他们更全面地了解社会经济发展和行业动态，增强他们的市场洞察力和判断力。其次，大学教育注重培养学生的创新能力、团队合作精神和解决问题的能力，这些能力在创业过程中非常重要。此外，大学教育还为创业者提供了良好的人脉资源和社交平台，为他们建立广泛的社会人际关系提供了机会。

然而，学历基础在大学生创业中起着重要的作用，但并不是唯一的决定性因素。在创业过程中，个人的学历能力和素质具有重要的影响，但它并不是衡量创业成功与否的唯一标准。除了学历基础外，还需要考虑以下因素。①创业意愿和决心。大学生创业需要有强烈的意愿和强烈的决心，面临的挑战和困难远远超出了学历的范畴，成功的创业者通常具备自信、积极向上的心态，以及追求梦想、超越自我的决心。②创业能力和技能。学历基础可以提供一些基础的知识和技能，但创业成功还需要更多实践经验和实际操作能力，创业是一个复杂的过程，需要具备市场洞察力、商业思维、市场营销、财务管理、领导能力等多方面的综合能力。③创业资源和网络。个人学历虽然重要，但在创业过程中，拥有适当的资源和合适的人脉也是决定成功与否的重要因素，创业者需要借助各种资源和社交平台，例如，投资机构、行业专家、合作伙伴等帮助他们实现创业目标。④创业环境和政策支持。创业成功还受制于创业环境和政策支持的因素，良好的创业环境和政策支持能够提供更多机会和平台，为创业者创造更加有利的条件。因此，学历基础虽然对大学生创业非常重要，但并不是唯一的决定性因素。创业成功与否需要综合考虑创业者的学历基础、创业意愿和决心、创业能力和技能、创业资源和网络，以及创业环境和政策支持等多个方面因素的综合影响。

2. 大学生创业的营销基础

大学生创业的营销基础指的是创业者在推广和销售产品或服务中所需具备的相关知识和技能。营销是一个非常重要的方面，它直接影响着创业者的产品销售、品牌塑造和市场地位等方面。下面是一些营销对大学生创业的影响。

提升产品价值和竞争力。通过市场营销的手段，创业者可以从产品的研发、定位、包装、品牌策划等方面提升产品的价值和竞争力。创业者需要了解目标市场的需求，根据细分市场的特点进行精准定位，通过广告、促销和公关等手段宣传产品的独特优势，提高产品的市场认知度和品牌价值。

拓展市场和开拓客户。创业者需要具备市场研究与分析能力，了解产品的潜在目标客户和市场规模。通过有效的市场营销策略，创业者可以吸引并留住目标客户，开拓新的市场渠道，提高市场份额和销售额。

建立和维护客户关系。创业者需要通过市场营销活动建立和维护与客户的良好关系。这包括提供优质的产品和服务，及时回应客户反馈和需求，对客户进行跟进和维护。通过建立稳定的客户关系，可以促进客户满意度提升，增加顾客的忠诚度和口碑传播。

确定合适的定价策略。市场营销还涉及产品定价，创业者需要了解市场需求和竞争状况，确定合适的价格策略。适当的定价不仅可以实现产品的利润最大化，还可以满足客户需求，提高市场竞争力。

建立品牌形象。市场营销可以帮助创业者塑造和推广品牌形象。通过品牌定位、品牌传播和品牌推广等活动，创业者可以建立起本企业独特的品牌形象，树立良好的企业形象。

总之，营销基础对大学生创业至关重要。它可以帮助创业者提升产品价值和竞争力，开拓市场和客户，建立和维护客户关系，确定合适的定价策略，以及建立品牌形象。通过有效的营销工作，创业者可以提高市场竞争力，实现创业目标。营销工作对整个创业活动的开展所产生的影响是极其重要且关键的。也正是因为认识到了这种关键性，绝大多数创业者在创业的前期阶段都会把门店与产品的营销作为前期工作的一个重要方面。一些比较知名的国际品牌之所以能在全球市场内享有如此众多的市场份额和良好的口碑，不仅仅是因为产品的质量突出或拥有完善的售后服务环节，更为关键的是在产品营销方面的大量投入。特别是在互联网信息传播极为迅速的当下，一家企业的市场营销工作是否到位将直接决定了产品的销量，也决定了产品的经营利润，深刻影响着企业在市场中的竞争与生存。

### 3. 创业资金基础

创业的资金基础主要是指创业者所拥有的资金资源和资金运作能力。创业过程中，资金是一个非常重要的因素，它直接影响着创业者的经营和发展。具体来说，创业的资金基础主要包括以下几类。

初创资金。创业者需要一定的资金来启动创业项目，包括租赁场地、购买设备、原材料采购等。初创资金来自创业者自身的积蓄、亲友支持、天使投资等渠道。

运营资金。创业者需要足够的资金来满足日常经营所需，包括支付员工工资、购买库存、支付租金、宣传推广费用等。运营资金一般通过企业的经营收入、贷款和投资等方式获得。

拓展资金。创业者有时需要通过扩大规模、开拓新市场、研发新产品等方式实现企业的快速发展。这需要一定的资金投入，用于市场拓展、产品研发和品牌推广等。

拓展资金可以通过股权融资、债权融资、风险投资等方式获取。

风险基金。创业过程中存在各种风险，如市场风险、经营风险和技术风险等。创业者需要一定的风险基金作为备用资金，以应对可能出现的风险和挑战。创业的资金基础不仅仅包括初始投入的资金，还需要考虑企业未来发展所需的资金和应对风险的资金。

此外，创业者还应具备良好的资金运作能力，善于规划、管理和利用资金，提高资金利用效率，确保企业的可持续发展。在创业过程中，创业者需要根据实际情况制定合理的资金策略和资金管理规划，确保资金的充足和有效利用，为企业的创业成功奠定基础。

资金是创业者维持整个创业活动的生命和血液，资金的充裕与否将直接对整个创业结果形成非常重要的影响，这种影响主要包括以下几个方面。

创业项目的启动和发展。资金是创业项目的基础，它可以支持创业者启动和发展业务。创业者可以利用资金购买设备、租赁场地、采购原材料等，从而启动和推进自己的创业计划。此外，资金还可以用于研发新产品、市场推广和品牌建设等，帮助企业快速发展。

人才引进和团队建设。资金可以用于吸引和留住优秀人才，构建一支强大的团队。创业者可以通过提供竞争力的薪酬、培训和发展机会，吸引有实力和经验的人才加入创业团队。有了高素质的团队成员，创业者可以共同努力，实现企业的长期发展。

市场推广和销售渠道建设。资金可以用于市场推广和销售渠道建设，提高产品的市场份额和知名度。创业者可以利用资金进行广告宣传、促销活动、电子商务平台建设等，吸引目标客户，拓展销售市场。通过有效的市场推广和销售渠道建设，创业者可以获得更多的市场机会，实现销售增长。

技术研发和创新能力提升。资金可以用于技术研发和创新能力提升，推动企业不断创新和进步。创业者可以投入资金进行技术研究、产品改进和创新项目开发，提高企业的核心竞争力。创新能力的提升可以使企业在市场竞争中保持先发优势，并不断满足客户需求。

应对风险和不确定性。资金可以作为创业者应对风险和不确定性的储备。创业过程中存在各种风险，如市场风险、竞争风险和财务风险等。拥有足够的资金可以增加创业者的抗风险能力，应对突发情况和艰难时期，确保企业的持续运营。

总之，资金对创业行为具有重要的影响，它可以支持创业项目的启动和发展，吸引人才，推广产品和品牌，提升技术研发能力，应对风险和不确定性等。创业者需要合理规划和管理资金，确保资金的充分利用和有效运作，为企业的长期发展提供有力支持。

4. 创业人际关系基础

人际关系基础是创业者在创业过程中所建立和维护的人际关系网络。在创业过程中，与各种人员建立良好的交流和合作关系对创业的成功至关重要。人际关系在很大程度上将直接影响甚至决定创业者的创业过程实施以及最终的创业结果。大学生在面临创业这一问题时，首先要认清楚人际关系基础的基本内涵。人际关系基础主要包括以下几个方面。

合作伙伴关系。在创业过程中，创业者通常需要与其他人合作，共同实现共同的目标。这些合作伙伴可以包括创业团队成员、供应商、投资人、客户等。与合作伙伴建立良好的合作关系可以相互支持和共同创造价值，提高创业的成功率。

导师和顾问关系。创业者可以寻求有经验和专业知识的导师、顾问等进行指导和帮助。导师和顾问可以为创业者提供宝贵的建议、经验分享和业务指导，帮助创业者解决问题、规避风险，提高创业的成功率。

行业专家和专业组织关系。与行业专家和专业组织建立良好的关系可以帮助创业者获取行业内的最新信息和资源，了解市场动态，推广产品和品牌。行业专家和专业组织还可以为创业者提供培训和交流平台，扩大人脉和影响力。

投资机构和金融机构关系。创业者通常需要筹集资金来支持创业项目的运营和发展。与投资机构和金融机构建立良好的关系可以增加融资的机会，获取更多的资金支持。此外，投资机构和金融机构还可以提供相关的咨询和服务，帮助创业者规划和管理资金。

社交和社区关系。创业者可以通过参加各类社交活动和加入社区组织来扩展人脉和建立社会关系。良好的社交和社区关系可以为创业者提供更广泛的资源和支持，促进个人和企业的成长。去除职场障碍，提高团队协作能力。创业者需要与团队成员建立和谐的工作关系，共同合作。相关的沟通和冲突解决技巧可以帮助创业者有效地处理团队内的问题，减少职场障碍，提高团队的协作能力。

人际关系对创业的影响非常重要。良好的人际关系可以为创业者提供各种资源和支持，帮助创业者解决问题、拓展市场和建立合作关系，提高创业的成功率。具体来说，人际关系对创业的影响主要体现在以下几个方面。

第一是资源获取，通过与行业专家、投资机构、合作伙伴等建立良好的关系，创业者可以获取更多的资源支持。行业专家可以提供有价值的行业内部信息和指导，投资机构可以帮助创业者筹集资金，合作伙伴可以提供与创业项目相关的资源和技术支持。

第二是市场推广，与客户和供应商等建立良好的关系可以帮助创业者获取更多的市场机会和销售渠道。良好的客户关系可以提高客户忠诚度和口碑传播，良好的供应商关系可以确保原材料的稳定供应和合理价格。

第三是人才吸引和团队建设，创业者通常需要吸引有实力和经验的人才加入创业团队，与合适的合作伙伴建立良好的合作关系，共同实现共同的目标。与人才和合作伙伴建立良好的人际关系，能够提高创业者的影响力和吸引力，吸引更多的优秀人才与之合作。

第四是在创业过程中获得的支持与帮助，与导师和顾问建立良好的关系可以获得有经验和专业知识的指导和帮助。导师和顾问可以为创业者提供宝贵的建议、经验分享和业务指导，帮助创业者解决问题、规避风险，提高创业的成功率。

第五是在创业过程中实现的社交和品牌建设，通过参加各类社交活动和加入社区组织，创业者可以扩展人脉和建立社会关系。良好的社交和社区关系可以为创业者提供更广泛的资源和支持，促进个人和企业的成长。同时，与行业内的人建立良好的人际关系还可以帮助创业者塑造和推广品牌形象。

总之，人际关系基础在创业过程中非常重要。良好的人际关系可以为创业者提供资源和支持，帮助创业者解决问题和应对挑战，提高创业的成功率。创业者应该注重与各类人员建立积极和持久的关系，通过合作和交流共同推进创业项目的发展。

5. 身体健康基础

创业者的身体健康基础是指创业者必须具备良好的身体状况和健康素养。身体健康是创业者能够顺利开展业务、应对挑战和追求成功的基石。它包括以下几个方面。

身体机能。创业者需要保持身体机能的良好状态，包括心脏健康、呼吸系统健康、消化系统健康等。只有身体机能良好，才能充满活力地应对日常工作的需要。

精神健康。创业者需要保持积极乐观的心态，而良好的精神状态有利于发展创业事业。精神健康是创业者调动个人潜能、应对压力和解决问题的重要基础。

饮食与营养。创业者需要合理膳食，摄入均衡营养，包括蛋白质、维生素、矿物质等。良好的饮食习惯有助于提高免疫力和抵抗力，减少疾病和体力劳动带来的负面影响。

锻炼与休息。创业者需要适度的身体锻炼，如有氧运动、力量训练等。适量的锻炼可以增强身体素质、提高工作效率、缓解压力和焦虑感。此外，合理的休息和睡眠也对身体健康至关重要。

疾病防控。创业者应关注常见疾病的预防和控制，接受定期的健康检查，及时就医，并根据医生的建议采取适当的治疗措施。创业者要注重个人卫生，保持清洁环境和卫生习惯，降低疾病传播风险。

总之，创业者的身体健康基础是指保持良好的身体状况、精神状态和生活习惯，以此为基础，才能充满活力地投入创业事业，迎接挑战，并在事业中获得成功。

身体健康对创业者来说具有非常重要的影响，主要表现在以下几个方面。

提高工作效率。身体健康的创业者通常能够拥有更高的工作效率。他们拥有更多的精力和动力来面对高强度的工作压力，能够更好地应对挑战和解决问题。他们对于工作的投入程度更高，能够更专注地处理各种业务事务，从而提高工作效率和生产力。

提高创新能力。良好的身体状态可以促进创业者的创新能力。身体健康的人通常拥有较高的精神状态和积极的心态，能够更好地应对困难和挑战。他们思维敏捷、头脑清晰，有更大的创新思维空间。同时，他们也能够更好地应对外界的变化和不确定性，积极寻求解决方案和创新机会。

提升决策能力。身体健康对创业者的决策能力有着重要的影响。健康的身体状态让创业者更加清醒和警觉，能够更好地分析和评估问题，做出明智的决策。相反，身体状况不佳会使创业者感到疲劳、精神不振，可能会影响他们的决策能力和判断力，降低其决策的准确性和效果。

增强抗压能力。创业者在创业过程中可能会面临各种挑战和压力，良好的身体健康可以帮助创业者增强抗压能力。身体健康的人更能够保持积极的心态，灵活应对各种困难和挑战,更加坚韧和有毅力。同时,良好的身体状态也可以减轻心理压力,帮助创业者更好地应对各种工作和生活的压力。

总之,良好的身体健康是创业者能够持续投入创业事业的基础,对提升工作效率、创新能力、决策能力和抗压能力都有着重要的影响。创业者应该注重身体健康,保持均衡的生活习惯和健康的工作状态,以此为基石,迎接挑战,并在创业事业中取得成功。

而身体状况不佳对创业者所产生的负面影响非常大。主要包括以下几个方面。

工作效率下降。身体状况不佳的创业者可能会感到疲倦、精神不振,工作效率下降。他们可能无法集中注意力,缺乏精力来应对繁重的创业任务,从而导致工作效率的下降。

创新能力受限。身体状况不佳的创业者在面对困难和挑战时可能会感到沮丧、消沉,缺乏积极的创新思维。他们可能无法保持良好的精神状态和积极的心态,从而限制了自身的创新能力。

决策能力受损。身体状况不佳的创业者可能由于身体不适感到疲劳和头脑不清,导致他们的决策能力受到影响。他们可能无法进行准确的分析和评估做出明智的决策,从而可能造成错误和损失。

抗压能力减弱。创业过程中的压力和挑战可能会对身体状况不佳的创业者产生更大的影响。身体状况不佳可能导致创业者的心理状态变差,缺乏坚韧和毅力来面对各种困难,抗压能力减弱。

综上所述,身体状况不佳对创业者的影响是显而易见的,身体健康也是学生创业的一个根本性的影响因素和基础。

（三）大学生就业与创业的实施基础差异

1. 营销方面的差异

基于以上内容,我们可以从几个方面来讨论创业营销和就业营销的难易程度。

首先,创业营销相较于就业营销来说更具挑战性。创业者需要从零开始创建一个企业,并进行全方位的市场营销工作。他们需要确定产品或服务的定位和目标群体,并制定相应的营销策略。创业者需要对市场需求进行深入调研,不断适应和激发市场变革,同时面对竞争对手的挑战。与此相比,就业营销更加专注于自我推销和求职,从而获得一个稳定的工作机会。

其次，创业营销需要创业者具备更广泛的技能和知识。创业者不仅需要了解营销的基本原理和方法，还需要具备创新能力、团队管理能力、财务管理能力等多个方面的综合能力。他们需要在市场中不断试错和学习，适应市场变化并及时调整营销策略。而就业营销相对来说更注重个人能力的展示和求职材料的准备。

此外，创业营销的风险更大。创业者可能需要投入大量的时间、金钱和精力来开展市场营销活动，但并不一定能够确保企业的成功。他们需要面对市场的不确定性、销售的波动以及资金的压力等一系列挑战。而就业营销则相对来说更加稳定，只需要根据市场需求和个人能力找到合适的职位。

最后，成功创业需要更大的毅力和出色的执行力。创业者需要具备坚定的信念和持续努力的精神，面对各种困难和挫折不放弃。他们需要进行长期的市场推广、客户维护和品牌建设，而这些工作往往需要更长的时间和持续的付出。相比之下，就业营销更注重短期的个人表现和面试技巧。

综上所述，创业营销相较于就业营销来说更具难度。创业者需要具备更广泛的技能和知识，面临更大的风险，需要更大的毅力和持续的付出。但无论是创业营销还是就业营销，都需要合理的营销策略和市场洞察力，以获得成功。

2.启用资金方面的差异

从资金成本的角度来看，创业的资金成本通常比就业的资金成本更高，这是因为创业者需要投入大量的资金来创建和运营企业。创业者可能需要支付开展市场营销活动所需的费用，包括市场调研、产品开发、品牌推广、销售渠道建设等方面的费用。在初创阶段，企业可能还需要支持自己的日常运营和员工工资等开支。而就业者则通常只需要进行个人求职活动，可能只需要支付一些简历制作、面试培训等相对较低的费用。

除了直接的资金成本，创业者还需要承担更高的风险，这也间接影响了资金成本。创业者需要承担创业失败的风险，投入的资金可能无法回收，甚至可能造成财务困境。相比之下，就业者通常选择稳定的工作，风险较低，资金的回报和稳定性更可预期。

在实际情况中，创业的资金成本也会因多种因素而有所不同。有些创业项目可能只需要较少的启动资金，而有些则需要大量的投资。此外，创业者可以通过融资等方式获取额外的资金，但这也会增加资金的成本和风险。

需要注意的是，创业者在决策时需要综合考虑自身的实际情况、市场需求、竞争状况等因素，而不仅仅只看资金成本的高低。只有对创业项目有充分的信心和准备，才能在面对资金成本较高的情况下积极应对挑战，全力以赴追求创业的成功。

3. 准备工作方面的差异

从准备工作的角度来看，创业需要进行更多的准备工作。创业者在决定创业之前，通常需要进行市场调研、竞争分析、商业计划编制等准备工作。他们需要了解市场需求、消费者喜好、行业趋势等信息，以评估创业项目的可行性和市场前景。同时，他们需要制订详细的商业计划，并确定企业的定位、目标和发展策略。在准备阶段，创业者还可能需要进行人力资源招聘、资金筹备、合作伙伴寻找等工作，以支持企业的运营。

与之相比，就业者的准备工作相对较少。就业者通常需要准备个人求职材料，包括简历、求职信、自我介绍等，以展示自己的能力和适应性。他们需要研究目标企业并了解其需求，根据求职要求准备相应的面试答案和案例。此外，就业者还需要自我评估和提升自己的职业技能，以增加竞争力。

需要注意的是，创业者和就业者的准备工作并不是相互排斥的，而是相辅相成的。创业者在准备过程中也需要考虑自己的个人能力和专业技能，以及如何在创业过程中不断提升自己。同样，就业者也可以积极开展创业准备工作，为未来创业提供基础。

总之，从准备工作的角度来看，创业需要进行更多的准备工作，包括市场调研、商业计划编制、人力资源招聘、资金筹备等方面的工作。就业者相对来说准备工作较少，主要集中在个人求职材料的准备和职业技能的提升上。创业者和就业者都需要进行准备工作，但重点和方向有所不同。

4. 失败后果的差异

首先，创业失败可能使创业者面临经济上的巨大损失。创业者通常需要投入大量的资金来创建和运营企业，包括租赁场地、采购设备、雇佣员工等。如果创业项目失败，这些投入可能无法得到回收，创业者可能会面临财务困境和债务问题。

其次，创业失败可能对创业者的社会形象和信誉造成负面影响。创业者在创业的过程中积累了一定的社会关系和口碑，但一旦创业失败，这些关系和口碑可能会受到影响。这对创业者的个人形象和职业发展可能带来挑战。

此外，创业失败还会给创业者带来心理和精神上的压力。创业者在创业的过程中付出了大量的时间、精力和心血，但最终未能实现成功，可能会对创业者的自信心和动力产生负面影响。

与之相比，失业后一般可以通过重新找到工作来缓解压力。虽然失业会带来一定的经济困难和生活压力，但通过积极求职和适应新的工作环境，失业者通常可以重新启动职业生涯。此外，现在社会为失业者提供了一系列的政策和帮助措施，包括失业保险、培训机会等，以帮助他们重新就业。

然而，不论是创业失败还是失业，都需要创业者和失业者保持积极的心态和乐观的态度。创业者可以从创业失败中吸取教训，总结经验，为下一次的创业尝试积累经验与智慧。失业者可以通过培训和学习不断提升自己的职业技能，增加竞争力，为下一份工作做好准备。

总之，创业失败和失业都可能对个人产生严重的影响，但创业失败可能会给创业者带来更大的经济和心理压力。

## 二、实施难度方面的差异

### （一）大学生的就业实施内容与难度

**1. 大学生就业实施内容**

大学生的就业行为主要包括以下几个方面。

就业意识。大学生需要树立正确的就业观念，了解就业市场的供求关系和行业发展趋势，明确自身的职业定位和发展目标。

职业准备。职业准备包括学习专业知识和技能、提升综合素质、拓宽就业渠道等方面。大学生应该通过实习、社会实践等方式，积累工作经验并提升职业能力。

就业规划。制订个人职业发展规划，明确短期和长期的职业目标，并制订具体的实施计划。这需要大学生充分了解自身的兴趣、特长和优势，结合就业市场需求，合理选择职业方向。

求职备战。了解求职流程和常用招聘渠道，完善个人简历和求职信，做好准备面试的技巧，进行职业形象塑造和自我推销。

就业方向选择。根据个人兴趣、专业背景和职业发展规划，选择合适的就业方向。大学生可以参与职业咨询、就业指导和就业信息发布会等活动，多方面了解就业市场和职业发展趋势，做出明智的选择。

就业道德。在求职过程中，大学生应该遵循职业道德规范，诚实守信，尊重职业道德和职业规范。

总之，大学生的就业行为需要综合考虑个人兴趣、能力以及社会需求，通过积极的职业准备和就业规划，选择合适的就业方向，同时遵循职业道德，努力为社会发展做出贡献。

2. 大学生的就业实施难度

（1）就业意识实施难度

在大学生就业意识培养过程中，可能会遇到一些困难和挑战。以下是一些可能存在的困难。①就业观念认知不足。一些大学生对就业的认识和期望可能存在一定的偏差，对就业市场供求关系和行业发展趋势了解不足，缺乏正确的就业观念。②就业压力和焦虑。由于就业市场的竞争激烈，大学生面临就业压力和焦虑，他们可能对未来就业前景感到不确定，担心找不到理想的工作，这可能会影响到他们正确的就业意识和判断能力。③就业信息获取困难。有些大学生由于信息渠道不畅或缺乏就业指导，可能难以获得及时准确的就业信息，无法充分了解就业市场的需求和职业发展趋势。④就业受传统观念局限。一部分大学生受到传统观念的影响，对就业的认识存在一定的局限性，可能更偏向于稳定的就业选择，而忽视了创业和创新的机会。

（2）大学生规划职业困难

缺乏职业认知。一些大学生对不同职业的要求、工作内容和发展前景了解不够充分，难以做出准确的职业选择。此时，他们可以寻求职业咨询或参加相关的职业培训活动，以帮助他们更好地了解不同职业的特点和发展方向。

自我认知不足。有些大学生对自己的兴趣、技能和性格特点了解不够深入，导致难以准确地评估自己在特定职业领域中的优势和劣势。他们可以进行自我反思和评估，参加各类测评或咨询活动，以帮助他们更好地了解自己的职业优势和发展方向。

环境限制。有些大学生所处的社会和家庭环境可能对他们选择职业方向产生一定的限制。例如，家庭对特定职业的期望或经济条件可能影响大学生的职业选择。在这种情况下，大学生需要综合考虑自己的兴趣、能力和家庭条件，灵活地调整职业规划，为自己找到适合的职业道路。

就业市场不确定性。就业市场的变化和不确定性也可能对大学生的职业规划造成困扰。例如，某些行业可能面临着就业机会减少或不稳定的情况，这可能要求大学生调整职业规划或寻找其他发展方向。在这种情况下，大学生需要密切关注行业动态和市场需求，并做好灵活应对的准备。

短期目标和长期规划之间的平衡。一些大学生可能面临短期就业需求和长期职业规划之间的矛盾。他们可能希望尽快找到工作以满足经济需求，但又担心过早地做出决定对自己的长远发展产生影响。在这种情况下，大学生需要权衡利弊，根据自身情况做出最佳的决策。

（3）入职准备工作难度

大学生在入职准备过程中可能会遇到以下困难。①缺乏实践经验。一些大学生由于缺乏实习或相关工作经验，可能会在求职过程中遇到困难，缺乏实践经验可能影响到他们在面试中展示自己的能力和适应能力。②简历和求职信准备。大学生可能对如何编写专业的简历和求职信缺乏经验和知识，他们可能不确定如何突出自己的优势和能力，如何与职位要求匹配，从而影响到自己在招聘者眼中的竞争力。③求职技巧。一些大学生可能对求职的技巧和流程不熟悉，不知道如何寻找合适的职位、如何进行自我推销、如何应对面试等，缺乏求职技巧可能导致他们在求职过程中错失机会。④面试准备。面试是大学生入职过程中的一项重要环节，然而，一些大学生可能对面试的准备不足，不了解常见的面试问题和应对技巧，不知道如何展示自己的优势和适应能力，导致他们在面试中表现不理想。

（4）职业道德养成难度

在职场道德养成中，大学生可能会遇到以下几个方面的困难。①缺乏职业道德观念的培养。一些大学生在职业道德观念方面可能存在认知不足或缺乏正确引导的情况，他们可能没有意识到职业道德的重要性，追求个人利益和短期利益，忽视了职业道德和社会责任。②职业道德认同与实践的差距。一些大学生可能对职场道德存在认同，但在实践中遇到困难，例如，在工作压力下，他们可能做出不诚实、不负责任的行为，或者在涉及个人利益和道德约束时出现冲突和摇摆。③职场伦理观念与实际情况的冲突。在特定职业领域，一些行为可能涉及职业伦理的问题，大学生可能面临着职业伦理观念与实际工作情况之间的冲突，他们需要在实际工作中处理好职业道德与职业规范之间的平衡。④道德诱惑和挑战。在职场中，大学生可能会面临各种道德诱惑和挑战，例如，他们可能面临贪污行为、不正当竞争、侵犯他人权益等问题，在这些情况下，大学生需要时刻保持警惕，坚持正确的职业道德原则。⑤职场文化和价值观的冲突。不同职场可能存在不同的文化和价值观，大学生在进入职场时可能会面临职场文化和个人价值观之间的冲突，他们需要适应并尊重职场文化，同时保持自己的底线，不被道德困境所动摇。

（二）大学生创业内容与实施难度

1. 大学生创业内容

大学生的创业行为涉及以下几个方面。

创意孵化与项目策划。大学生创业的第一步是产生创意和想法。他们需要通过市场调研和数据分析，识别潜在商机，并进行创意孵化，制定可行的项目策划。

商业模式设计。创业者需要构建一个可持续的商业模式，包括产品或服务的设计、定价策略、运营方式、市场推广等。他们需要考虑目标市场的需求，研究竞争对手的优劣势，并制定相应的策略。

资金筹集与投资。创业往往需要资金投入，大学生创业者需要寻找风险投资、创业基金、银行贷款等资金来源，或者通过自筹资金、合作伙伴或天使投资者等方式筹集启动资金。

团队招募与管理。创业者需要组建一个高效的团队，协同合作，共同推进项目发展。他们需要进行人才招募、搭建团队组织架构、制定职责分工和激励机制，同时进行团队管理和协调。

营销推广与销售渠道建设。大学生创业者需要制定市场营销策略，包括品牌宣传、推广渠道选择、销售与客户关系管理等。他们需要确定如何将产品或服务推向市场，建立良好的品牌形象，并开展销售活动。

法律合规与知识产权保护。在创业过程中，大学生创业者需要了解和遵守相关法律法规，确保企业的合规运营。他们也需要关注知识产权保护，注册商标、申请专利等，保护自己的创新成果。

2. 大学生创业实施难度

（1）商业模式策划难度

大学生在商业模式设计中面临的难度是多方面的。首先，大学生在商业模式设计上缺乏实践经验和专业知识。商业模式设计需要了解市场需求、产品定位、竞争分析等各个方面的知识，这对于许多大学生来说可能是一个全新的领域。他们需要在学习阶段融会贯通各种学科知识，并透过实践项目来不断积累经验。

其次，大学生在商业模式设计中面临的另一个困难是资源限制。相对于成熟的企业，大学生可能面临着较少的资金和人力资源。这可能会限制他们在市场调研、产品研发、市场推广等方面的能力和创造力。但是，资金和资源的缺乏并不意味着无法开展商业模式设计，而是需要更灵活和创新的方法来解决问题。此外，大学生在商业模式设计中还需要面对的一个挑战是市场竞争的压力。市场竞争激烈，创新的商业模式涌现不断。大学生需要具备足够的市场洞察力和创新能力，来应对这种竞争压力。在设计商业模式时，他们需要思考如何在市场中找到差异化竞争的优势，如何创造独特的价值主张，吸引用户和客户。

最后，大学生在商业模式设计中还面临着风险和不确定性。在商业模式设计中，很少有百分之百成功的保证，总会存在一定的风险。大学生需要具备勇于创新和承担风险的精神，同时也需要在决策过程中进行风险评估和管理，以减少可能的损失。

（2）创业资金筹措难度

创业者在筹集创业资金的过程中面临的困难是多方面的。

第一，创业者通常缺乏资金，这意味着他们需要通过其他途径来筹集资金。然而，由于缺乏信用记录和对风险的认知，银行和其他金融机构对创业者提供贷款是相对谨慎的。此外，创业者也可能面临信用不良的问题，这可能导致更高的利率或者无法获得贷款。

第二，创业者通常面临行业竞争激烈和投资者的高要求。在众多创业项目中，只有那些有竞争力、有潜力、有吸引力的项目才能吸引投资者的关注。创业者需要有足够的市场洞察力和创新能力来设计一个有吸引力的商业模式，并且能够清晰地传达商业价值和可行性。同时，他们也需要寻找投资者，进行面对面的演示和谈判，以确保能够筹得足够的资金。

第三，政策和法律环境也可能成为创业者筹资的障碍。有些国家或地区在创业活动中可能存在种种限制和规定，如投资额度、外商投资限制和行业准入等政策上的限制，这可能增加了创业者融资的难度。此外，法律合规性也是创业者在筹资过程中需要注意的问题，他们需要遵守相关法律法规和合同条款，以确保资金的合法使用和投资者权益的保护。

第四，创业者需要具备应对风险和不确定性的能力。在筹集资金的过程中，他们可能会遇到投资者拒绝、项目进展停滞、市场环境变化等不确定的因素。创业者需要在逆境中保持乐观和坚持不懈的精神，同时也需要具备灵活应对和解决问题的能力。他们需要进行充分的风险评估和管理，制订合理的经营计划和财务预算，以降低经营风险和提高投资者的信心。

总而言之，创业者在筹集创业资金的过程中面临着种种困难和挑战。然而，通过勇于创新、灵活应对和充分准备，创业者仍然有机会克服困难，获得足够的资金支持，推动创业事业的发展。

（3）创业营销推广难度

创业者在营销推广方面面临的难题主要有以下几个方面。

第一，市场竞争激烈。随着互联网和信息技术的发展，市场竞争变得越来越激烈。无论是传统行业还是互联网领域，都有大量的创业者涌入市场，争夺有限的用户和客户资源。创业者需要在竞争中找到差异化竞争的优势，并制定切实可行的营销推广策略。

第二，营销预算有限。相对于成熟的企业来说，创业者通常面临更有限的财力和资源。他们可能没有足够的资金投入大规模的广告宣传或市场推广活动中。因此，创业者需要寻找更具成本效益的营销方式和渠道，如利用社交媒体、口碑传播等方式达到推广效果。

第三，不了解目标市场和顾客需求。创业者需要深入了解目标市场的特点、顾客的需求和消费习惯，才能制定出有针对性的营销策略。因此，市场调研和顾客分析是非常重要的步骤，它可以帮助创业者更好地了解目标市场，找到适合自己产品和服务的推广方式。

第四，创业者可能缺乏营销技巧和经验。营销推广需要一定的专业知识和技巧，包括品牌建设、市场战略制定、渠道管理等方面的知识。对于缺乏相关经验的创业者来说，可能需要通过学习、请教专业人士或借助外部营销机构的帮助来提升自己的营销能力。

第五，创业者可能面临的一个挑战是社会认可度和信任度的建立。作为新兴企业，创业者需要建立起良好的企业形象和声誉，获得用户和客户的信任和认可。这需要创业者在产品品质、服务质量、客户体验等方面做出努力，并与用户进行积极互动和沟通。

（4）创业者知识产权保护难度

创业者在知识版权保护方面面临的难度主要有以下几个方面。

第一，知识产权保护对创业者来说是一个相对复杂的领域。知识产权包括专利、商标、版权和商业秘密等方面，每个方面都有不同的法律规定和保护机制。创业者需要了解和熟悉相关的知识产权法律法规，并根据自己的创业项目来确定哪些知识产权需要保护，并采取相应的保护措施。

第二，知识产权保护需要投入一定的资源和时间。创业者可能需要进行专利申请、商标注册和版权登记等手续，这些过程需要一定的费用和时间。对于创业者来说，如何在有限的资源和时间内进行有效的知识产权保护是一个挑战。

第三，知识产权保护在国际上也面临一定的难度。在全球化的背景下，创业者可能需要在国际市场开展业务，并面临不同国家的知识产权保护制度和法律规定。由于不同国家之间的法律差异和执行问题，创业者可能需要依靠国际组织或律师等专业人士的帮助来处理跨国知识产权保护的问题。

第四，知识产权保护还可能面临侵权和盗版等问题。在商业竞争激烈的环境下，一些不法分子可能会盗用创业者的专利、商标或版权等知识产权，给创业者带来经济损失和商业风险。创业者需要加强对知识产权的监测和维权，并与专业的律师和知识产权机构合作，积极应对侵权行为。

第五，知识产权保护还需要与商业模式设计和创新能力相结合。创业者需要通过创新和设计出具有差异化竞争优势的商业模式和产品，从而使自己的知识产权具有商业价值和可保护性。具备创新和商业模式设计能力的创业者更有可能获得知识产权的保护和利益回报。总之，创业者在知识产权保护方面面临着多方面的难度和挑战。

（三）大学生就业与创业的难度差异

大学生创业相对于就业来说确实存在一些困难和挑战，以下是一些体现方面。

风险承担。创业需要承担一定的经济和市场风险，相比之下，就业更为稳定。大学生创业常常需要投入大量的时间、精力和资金，承担失败的风险。大学生创业相对就业而言确实存在一些困难和挑战。创业需要承担一定的经济和市场风险，相比之下，就业更稳定。创业往往面临资金、人力、技术和市场等资源的匮乏，还需要具备广泛的知识和技能，并面临激烈的市场竞争以及持续的管理和创新压力。就业相对而言更稳定，因为被雇用后可以获得一份固定的工作，有稳定的收入保障，相对承担较小的经济风险。同时，就业通常能够直接利用所学专业知识和技能，专注于某个领域的发展，减少了对多样化知识和技能的依赖程度。另外，就业者所承受的市场竞争压力相对较小，也不需要全面负责公司的管理和创新。这使得就业对于大学生而言相对更容易实现。需要强调的是，大学生就业与创业各有利弊。就业提供了稳定的经济来源和职业发展机会，同时也可以通过培训与进修提升自己的技能。创业则提供了更广阔的发展空间和自主权，可以实现自我价值的最大化，同时也可以为社会做出更大的贡献。因此，大学生在做出选择时应充分了解自身的兴趣、能力和资源状况，并进行合理的评估和抉择。政府和社会也应提供有利于大学生创业的环境和政策支持，包括加强技术创新、优化创业资源配置、完善法律法规等。这样可以激发更多大学生的创业激情与活力，为社会经济发展和就业创造更多机会。同时，也要加强对大学生创业教育的引导和培育，提升其创业素养和综合能力，进一步促进大学生创业的成功。

资源限制。相对于大型企业，小规模创业往往面临资金、人力、技术和市场等资源的匮乏。大学生创业时通常缺乏具体项目操作经验、专业技能和人脉资源，这都增加了创业的难度。大学生创业相比就业而言，确实在获取资源方面存在一定的困难和挑战。这主要体现在以下几个方面：首先是资金方面，创业需要一定的启动资金，但大学生创业时常常面临资金来源有限的问题，相比之下，就业者可以通过直接就业获得稳定的收入，无须自己承担初始资金的压力；其次是人力资源方面，创业需要有一支稳定、专业的团队来协助完成各项任务，但大学生创业时往往缺乏雇佣合适员工的经验和资源，而就业则直接通过加入企业获得必要的人力资源支持；再次是技术资源方面，创业需要一定的技术支持，但大学生创业时常常缺乏具备高度专业知识和技能的技术团队，相比之下，就业者更容易利用其所学专业知识和技能直接参与工作，并获得同事和公司的技术支持；最后是市场资源方面，创业需要与市场竞争并积极寻找市场机会，但大学生创业时面临的市场挑战相对更大，相比之下，就业者在已有企业中可以直接获取已有市场份额和客户资源。需要指出的是，大学生创业虽然面临资源获取的困难和挑战，但这并不意味着创业就比就业更为困难。创业对于大学生来说也是一项具有挑战性和发展前景的尝试。在现代经济发展中，创业活动可以为创业者提供更广阔的发展空间和自主权，同时也可以为社会经济发展和就业创造更多机会。

知识和技能需求。创业需要具备广泛的知识和技能，包括市场调研、商业计划、财务管理、销售技巧等方面。相比之下，就业的要求相对单一，更加专注于某个领域的专业知识和技能。

市场竞争。创业市场竞争激烈，需要与众多企业竞争并寻找自身的差异化优势。大学生创业还面临着与成熟企业竞争的压力，市场份额相对较小，他们需要更加努力才能获得一席之地。大学生的就业市场竞争相对于创业市场竞争而言确实压力较小。就业者通常可以通过参加招聘会、求职网站、人才市场等渠道，选择适合自己的岗位，争取到符合自身条件的工作机会。相对而言，创业者则需要面对更多的市场竞争和市场份额的争夺。创业市场往往已经存在众多成熟的企业，这为创业者带来了更大的竞争压力和挑战。因此，从市场竞争的角度来看，就业者相对于创业者来说，在获取工作机会上更容易一些。需要指出的是，尽管就业相对于创业竞争压力较小，但现代社会就业市场同样也存在一定的竞争，尤其对于优秀的大学生来说，他们往往需要与其他优秀的求职者竞争，争夺优质的工作岗位。因此，大学生在就业过程中仍然需要不断提升自己的专业知识和技能，通过不断学习和自我完善，增强自身竞争力，才能更好地应对就业市场的竞争。同时，政府和社会也应提供更多的就业机会和合理的就业政策，为大学生提供更多的就业选择和发展空间，营造良好的就业环境。

管理和创新。创业需要担当公司管理者的角色，同时具备创新能力，能够不断跟上市场变化和技术进步的步伐。这对大学生来说是一个很大的挑战，需要不断地学习和提升自己的管理和创新能力。

总体而言，大学生创业相比就业更难是因为创业涉及的风险、资源限制、知识技能需求、市场竞争和管理创新等方面的挑战更加严峻和复杂。然而，创业也是一项具有挑战性和发展前景的尝试，只要大学生能够充分发挥自身优势，持之以恒地学习与实践，他们就能在创业中获得成功。

### 三、实施方法方面的差异

（一）就业的实施方法

大学生可以通过以下几种方法来就业。

提升自身素质。大学生应该注重全面发展，不仅要学好专业知识，还要培养良好的思维能力、实践能力和沟通能力。他们可以参与各种学术竞赛、实习项目、社会实践等，不断积累经验和提高能力。大学生可以通过多种途径提升自身的就业素质。首先，他们可以加强自身的学术能力，通过积极参与课堂学习和科研项目，深入研究学科知识，提高专业技能水平。同时，利用课余时间参加学术交流会议、学术竞赛等活动，增加学术经验和科研能力。此外，大学生还应该注重提升自身的综合素质。他们可以参加各类社团和学生组织，培养团队合作能力和领导才能。通过参与志愿者活动，培养公益意识和社会责任感。此外，积极参加实习和实践活动，提高实践能力和职场适应能力。大学生还可以通过参加各类培训和专业证书考试来提升自身素质。这些培训和证书可以帮助他们了解行业动态和就业需求，提升专业技能，提高就业竞争力。当然，良好的人际关系和社交能力对于大学生就业也非常重要。他们可以通过社交活动和交流会议等渠道，与企业人员建立联系，了解就业市场的需求，并积极拓展人脉关系。

寻求实习机会。实习是一种非常有效的就业途径。大学生可以积极寻找与自己专业相关的实习机会，通过实践锻炼自己的能力，积累工作经验，增加求职竞争力。大学生可以通过以下途径寻求实习的机会。①学校就业指导中心。大多数大学都设有就业指导中心或职业发展中心，他们会为学生提供实习和就业相关的信息和指导，可以向就业指导中心咨询实习的机会，并获取相关的招聘信息和指导。②招聘会。学校经常会组织校园招聘会，吸引各类企业和机构前来招聘实习生和毕业生，大学生可以积极参与招聘会，了解企业需求，与用人单位进行面对面交流，并投递自己的简历。

积极参与社会活动。通过参与各种社会活动，如志愿者工作、社团活动等，大学生可以展示自己的团队合作能力、组织能力和社交能力，这些经历可以增加他们的社会经验，并且可能获得就业的机会。

利用网络招聘平台。大学生可以利用互联网技术和各种网络招聘平台来寻找和申请工作机会。他们可以将自己的简历完善并上传，关注和申请与自己专业和兴趣相关的岗位，并与用人单位进行积极的沟通和交流。首先，注册和完善个人信息，在网络招聘平台上注册个人账号，并完善个人信息，包括姓名、学校、专业、技能、实习经历等，确保个人信息的真实性和完整性，以提高招聘者对您的关注度；其次，设置个人求职意向，在网络招聘平台上设置求职意向，明确自己期望的实习类型、职位、行业和地区等，这样可以更精准地接收和筛选符合自身需求的实习机会；再次，主动搜索和筛选，利用网络招聘平台提供的搜索功能，根据关键词、职位类型、行业等条件进行搜索和筛选，同时，可以根据所在城市、公司规模、薪资待遇等条件进行进一步细化筛选，从而找到适合自己的实习机会；然后，关注企业信息和招聘动态，在网络招聘平台上关注一些自己感兴趣的企业，并定期浏览企业发布的招聘信息和动态，这样可以及时了解企业的实习需求和招聘进展，提高申请的及时性和准确性；此外，提交个人简历和申请，根据招聘信息的要求，准备个人简历和申请材料，并按照网络招聘平台的要求进行提交，在编写简历时，要突出自己的优势和与职位要求相关的经历和技能，同时注意简历的规范性和易读性；最后，积极参与在线招聘活动，一些网络招聘平台会不定期举办在线招聘会、网络招聘活动等，大学生可以积极参与这些活动，与用人单位进行在线交流和面试，提高获得实习机会的机会。在利用网络招聘平台寻求实习机会的过程中，要保持积极的态度和耐心等待反馈，尽量多投递自己感兴趣的实习岗位，并随时关注平台上的消息提醒和邮件通知，及时回复面试邀约或进行进一步沟通。

参加就业指导和培训。学校和社会各类机构都会提供一些就业指导和培训服务。大学生可以参加这些活动，了解就业市场的动态和行业趋势，获取就业技巧和面试技巧，在提高求职能力的同时，增加自信心。

总的来说，大学生可以通过自身的努力和不断的学习提升来增加就业的机会。重要的是要坚持学习创新精神，勇于实践，培养能够适应社会需求的能力，同时要关注社会发展、掌握市场信息，积极寻求各种就业机会。

（二）创业的实施方法

大学生可以通过以下几种方法来创业。

发掘自身的创业意愿和兴趣。大学生可以积极思考自己的创业意愿和兴趣，从中找到合适的创业方向。在选择创业项目时，要结合自身的专业知识和技能进行评估，确保能够胜任并具有竞争力。

寻找合适的创业伙伴。创业过程中，寻找合适的创业伙伴是至关重要的。大学生可以与志同道合的同学或者其他创业者合作，共同合作解决问题、分享资源，并共同推动创业项目的发展。寻找合适的创业伙伴需要做以下几步。第一，明确创业目标和价值观。你需要明确自己的创业目标和价值观，你希望通过创业实现什么样的目标？你的创业价值观是什么？这将有助于筛选出与你有相似目标和价值观的合作伙伴。第二，建立专业关系。参加创业社群、创业沙龙、工作坊和行业研讨会，这些活动提供了与潜在创业伙伴建立专业关系的机会，与其他有志于创业的学生和创业者互动交流，了解他们的背景、技能和潜在的合作机会。第三，建立广泛的人际网络。积极扩展人际关系网络，包括通过学校的社交活动、学术项目等途径结识各类人士，人际关系网络可以为你找到与你志同道合的人，包括潜在的创业伙伴。第四，寻找互补的技能。在寻找创业伙伴时，要注意寻找与你具有互补技能的人，这样可以确保你的团队拥有更完整的技能组合，有助于推动创业项目的成功。第五，寻找共同的兴趣和激情。共同的兴趣和激情对于建立稳定和富有活力的合作关系至关重要，寻找与你有相似兴趣和激情的人，可以提高团队的凝聚力和工作效率。第六，考虑性格和价值观的匹配。创业伙伴之间的性格和价值观的匹配同样重要，共同的价值观可以使合作关系更加稳定，并有助于共同构建企业的核心价值观。第七，核查背景和信誉。在与潜在的创业伙伴合作之前，要进行背景核查，确保对方具有可靠的信誉和良好的商业道德。

积极获取创业资源与资金。创业需要一定的资源和资金支持。大学生可以充分利用学校和社会提供的创业支持政策、创业竞赛、创业孵化器等渠道，申请创业资金和资源支持。

学习创业知识和技能。创业需要具备一定的管理、运营、市场营销等知识和技能。大学生可以通过参加创业培训、课程、讲座等方式，不断提升自己的创业素养。大学生想要学习创业知识和技能，可以采取以下几个步骤。第一，教育培训。参加创业相关的教育培训课程、研讨会和讲座，如创业管理课程、创业导师指导等，这些课程可以帮助学生了解创业的基本理论和实践技巧。第二，学习创业案例。阅读和研究成功的创业案例，了解成功企业家的经验和故事，拓宽思维，吸收创业的智慧和经验。第三，实践锻炼。通过参加创业实践活动、创业竞赛等方式，将理论知识应用于实践中，提升创业技能和经验，同时，可以尝试自己创办小型项目，锻炼创业能力。第四，寻求创业导师指导。寻找有经验的创业导师，向他们请教并寻求指导和建议，创业导师可以分享实际创业经验，帮助学生解决问题和提供专业指导。第五，加入创业社群和组织。参加创业社群和组织，与志同道合的人交流、学习和合作，社群和组织通常提供创业资源、导师支持和创业活动，可以帮助学生扩展人脉和获取创业资源。第六，不断学习更新。创业是一个不断变化和发展的领域，学生需要保持学习的态度，关注最新的创业趋势和技术发展，及时更新知识和技能。第七，注重综合素质培养。学生除了学习创业专业知识外，还需要注重综合素质的培养，包括领导力、沟通能力、团队合作能力等，这些素质对于创业成功同样至关重要。

追踪市场动态和趋势。创业项目成功与否很大程度上取决于市场需求和趋势。大学生可以通过关注市场动态、消费者需求、行业趋势等信息，了解市场的现状和未来发展趋势，以便更好地定位自己的创业项目。大学生在创业过程中，及时追踪市场动态是十分重要的，具体可分为以下几个步骤。第一，参加行业展览和研讨会。参加行业相关的展览会和研讨会，可以了解最新的市场趋势和行业动态，这些活动通常会邀请优秀企业家和专业人士进行演讲和分享，对学生而言是了解市场的绝佳机会。第二，关注行业媒体和网站。订阅行业媒体、关注行业网站和社交媒体账号，定期阅读相关的报道和分析，这样可以及时了解市场的最新动态和趋势。第三，与行业专业人士接触。积极与行业专业人士进行交流和接触，如参加行业组织或社群的活动，寻求机会与行业里的知名人士建立联系，他们通常对市场有深刻的了解，并可以与你分享经验和见解。第四，参加创业竞赛和活动。参加创业竞赛和活动，可以接触到许多潜在的合作伙伴和投资人，也可以通过与其他参赛者交流了解市场上的新兴趋势和创新项目。第五，关注政策和法规变化。及时了解政府出台的政策和法规对创业项目的影响，特别是与你所在领域相关的政策变化，政策和法规的变化可能对市场带来巨大的影响，及时了解并做出相应的调整非常重要。

善于整合资源和团队管理。创业过程中，合理整合资源和管理团队是非常重要的。大学生应该学会与相关产业链上的企业、机构、专家等建立联系，建立良好的合作关系，同时注重团队建设和有效的人员管理。第一，你需要了解所拥有的资源，包括人力资源、财务资源、技术资源等，了解自己所拥有的资源以及可行和可利用的资源是整合资源的第一步。第二，积极与校内外的合作伙伴合作，包括学校的创业中心、行业协会和相关企业等，与这些合作伙伴建立合作关系，可以获得更多的资源支持和专业指导。第三，根据创业项目的需要，制订资源整合计划，明确具体资源的需求和使用方式，合理安排和管理资源，确保资源的最优化利用，提高创业项目的成功率。第四，建立并管理一个高效团队是整合资源的关键，选择团队成员时，要注意他们的能力、经验和价值观的匹配，建立良好的团队沟通和合作机制，明确团队的目标和任务分工，以提高团队的整体绩效。第五，良好的沟通是整合资源和团队管理的重要因素，及时与团队成员沟通交流，明确任务要求和预期，解决问题，协调决策和合作，促进团队的协同工作。第六，协调利益关系，在整合资源的过程中，可能会涉及不同利益方的协调，学生需要了解各方的需求和利益，并寻求平衡和解决方案，以确保资源的合理使用和团队的稳定。第七，创业过程中存在一定的风险，包括市场风险、技术风险和财务风险等，学生需要做好风险管理工作，制定相应的风险控制措施，以减少风险对项目的影响。第八，整合资源和团队管理是一个不断学习和改进的过程，学生需要不断充实自己的知识和技能，关注最新的管理理论和实践，以及时调整和改进自己的资源整合和团队管理策略。

总的来说，创业需要大学生具备扎实的专业知识、良好的团队合作精神、创新能力和市场敏锐度。同时，他们要有坚定的信心和耐心，面对创业中的困难和挑战，勇往直前，不断提升自身能力和适应能力，以获得更大的创业成功机会。

### （三）就业方法和创业方法的差异

#### 1. 目标的差异

大学生的就业目标和创业目标在某些方面存在一定的差异。就业目标主要是指大学生通过就业获得稳定的工作收入，实现个人的生活保障和发展。他们通常通过找到稳定的职业岗位，获得一份满意的工作，并在公司或组织中获得职位晋升和薪资增长来实现就业目标。而创业目标主要是指大学生希望通过自主创业来实现自身发展和财富积累的目标。他们通常具有一定的创业意愿和创造力，希望通过创业实现个人梦想和价值观，并在市场中打造自己的品牌和企业。创业者追求的是创造价值、实现个人价值和获得财务自由。

此外，就业和创业对个人的要求也存在一些差异。就业主要注重个人的专业知识和技能，要求其具备一定的学科背景和工作经验。大学生在就业过程中注重找到与自己专业相关的工作，通过不断学习和提升自身能力来适应职业发展的需要。而创业则需要具备更全面的素质和能力。创业者除了具备一定的专业知识和技能外，还需要具备很强的创新意识、市场洞察力、商业思维和企业管理能力。他们需要具备领导才能和团队合作精神，能够整合资源、决策管理，并承担创业风险和责任。

总的来说，大学生的就业目标主要是通过就业获得稳定的职业发展和生活保障，创业目标则是希望通过自主创业实现个人梦想、创造价值和实现财务自由。无论是就业还是创业，重要的是要发挥自身优势、不断学习和提升能力，为个人的发展和社会的进步做出积极的贡献。

2. 方法的差异

大学生的就业方法和创业方法在一定程度上存在差异。

就业方法主要侧重于寻找稳定的职业工作和进入职场。大学生在就业过程中，通常会注重专业知识的学习和掌握，提前准备好求职材料，通过面试、笔试等环节来获得工作机会。他们可以通过提升自身的学术素质、实习经验、社会经验等来增加自己的就业竞争力。其关键是注重个人的学习、发展和积累，寻找稳定的职业岗位，获得稳定的工作收入，并在工作中不断提升自己的能力和职位。在就业过程中，大学生需要更多地关注自身的专业知识和技能，以及职业发展的需要。

创业方法则是指大学生通过自主创业来实现个人发展和创造价值的方式。创业者通常具备一定的创新能力、市场洞察力和商业思维。他们可以通过发掘个人的创业意愿和兴趣，找到适合自己的创业方向。创业需要整合各种资源，而大学生可以通过寻找合适的创业伙伴、获取创业资源和资金支持，以及学习创业知识和技能等方式来实现创业目标。创业者追求的是自身价值的实现和财富积累，他们需要具备更全面的素质和能力，如创新能力、团队管理能力、决策能力等。

总的来说，就业方法和创业方法是不同的。就业主要侧重于寻找稳定的职业工作，注重个人的专业知识和技能。而创业侧重于自主创业，注重个人的创新能力、市场洞察力和商业思维。大学生可以根据自身的情况和发展目标，选择适合自己的就业方法或者创业方法，为个人的发展和社会的进步做出积极的贡献。

# 第三章　高校大学生就业、创业教育现状

高校开展的大学生就业、创业教育是为大学生顺利完成就业和创业提供便利条件的教育。我国高等教育体系中关于就业教育和创业教育的研究也经历了很长的时间，从最开始的改革开放阶段到现阶段不断发展成熟，但同时也面临着教育模式、教育内容和教育对象这3个方面的挑战。

## 第一节　高校就业、创业教育概述

### 一、大学生就业、创业教育的含义

#### （一）大学生就业教育的含义

大学生就业教育是指通过各种方式和手段，帮助大学生了解和掌握就业市场的动态，提高他们的职业技能和素质，增强他们的就业竞争力，使他们能够顺利地从学校过渡到工作岗位，实现就业。这包括了职业规划教育和实习实践教育两个层面。

1.职业规划教育

职业规划教育是大学生就业教育所涉及的一个重要的方面。职业规划教育的目的是让大学生对即将到来的就业有一个全面的认识，对个人未来即将从事的职业行业和发展规划有一个清楚的认知。职业规划教育的实施有助于大学生从思想上做好就业的准备。因为在大学这四年中，有些学生的整体状态比较散漫，一方面是因为大学的课程安排数量相对于高中时期少了很多，另一方面是因为大学的经营管理环境和整体的氛围较好。所以职业规划教育的开展能够让大学生思考在毕业之后参加何种工作并对个人的发展方向有一个清晰的认识。职业规划教育的开展是就业教育的一个重要环节，良好的职业规划教育能够对大学生的就业行为产生非常重要的辅助作用，而作用一般的职业规划教育对大学生的就业行为所产生的作用就非常有

限了。

【案例】

A大学历年以来对校内学生的就业情况保持高度的重视。这种高度的重视不仅仅是让每一名学生都能在毕业后顺利拿到三方协议完成学校上级部门的就业指标，更为重要的是让每一名学生都能选择到自己最喜欢的工作岗位，明确最主要的工作发展方向，为个人的生涯规划发展做好准备。所以，随着学生的毕业季来临，学校也陆续开展了关于就业教育的相关课程。课程采取实践研究、方案预设和交流探讨的基本模式。教师首先通过调研的方式得知了每一名学生的专业学习情况和个人的初步发展方向，然后结合这些信息选择了可能适合学生发展的若干行业，并在课上向学生详细介绍这些行业在发展过程中主要的基本模式以及工作岗位所对应的初步内容。教师在课上讲的关于各行业的发展情况对学生而言有着非常实用的价值，所以每一届的学生对学校开设的就业课程有着极高的重视度，绝大多数学生在接受课程教育后有了基本的就业方向，不会在毕业后因为没有合适的就业方向而感到迷茫。

B大学坚持的育人理念之一便是让每一名学生都能利用专业所学知识在社会上创造价值，引导学生在社会岗位中积极奉献，成就自我，获得更加广阔的发展空间，实现个人多项素质的全面发展。但学校内部出于考察课程整体教学效果的需要，往往会要求学生在大一大二这两年完成就业教育的相关课程学习。而且在对学生进行专业教学的过程中所采取的都是教材上的理论知识教学。长篇累牍的教学理论和老生常谈的论调让相当一部分大学生感到异常反感。而且上这门课的学生都表示自己刚刚进入大学，就业和择业则是在大学毕业时才需要考虑的事情，此时考虑就业的问题为时尚早，所以对学校开展的就业教育本身并不感兴趣。最终在多方因素的影响下，该大学开展的关于就业相关主题教育活动最终变成了一种表面的形式，学生们只是初步地学习了这门课程，对课程的内容也并不感兴趣，也不会在创业课程教学中得到有效的指导。

2.实践实习教育

大学生的实习教育是指学生在大学阶段，借助实践环境和实际工作场所，通过参与实际工作任务和职业体验，培养学生的实际操作能力、职业素养和社会适应能力的教育过程。大学生的实习教育在当前的社会背景下，扮演着重要的角色。通过实习教育，学生可以将所学的理论知识与实践环境相结合，更好地理解专业知识的应用和实际操作的要求。实习教育还能够让学生接触到真实的工作环境和职业要求，了解并适应职场文化和规范，培养良好的工作态度、团队合作意识和职业道德。大学生的实习教育还有助于提升学生的就业竞争力。通过实习，学生能够积累实际工作经验，了解各个行业的工作模式和要求，从而更好地规划自己的职业发展路径。实习期间，学生还有机会与企业或组织建立联系，扩展人脉圈，增加就业机会。实习教育也是一种促进产学研紧密结合的有效方式。通过与实际工作场所的合作，学校可以了解行业的最新需求和发展趋势，调整教育内容和教学方法，更好地培养适应社会需求的高素质人才。同时，实习还为学生提供了与企业或组织紧密接触的机会，促进相互交流与合作，推动产学研结合的发展。总之，大学生的实习教育是一项重要的教育环节，通过实践与理论相结合的方式，培养学生的实际操作能力、职业素养和社会适应能力，提升他们的就业竞争力，促进产学研结合，从而推动个人成长和社会发展。

（二）大学生创业教育

创业教育，根据《牛津现代高级英汉双解辞典》给出的解释："一是进行从事事业、企业、商业等规划、活动、过程的教育；二是进行事业心、进取心、探索精神、开拓精神、冒险精神等心理品质的教育"。1991年1月，联合国教科文组织在东京召开会议，在"教育革新与发展服务计划"的报告中，从广义和狭义两个方面阐释了创业教育。广义的创业教育是指"培养具有开创性的个人，它对于拿薪水的人也同样重要，因为用人机构或个人除了要求受雇者在事业上有所成就外，正越来越重视受雇者的首创、冒险精神、创业能力、独立工作能力以及技术、社交和管理技能。它为学生灵活、持续、终身的学习打下基础"；狭义的创业教育则是指"增收培训是为目标人口，特别是那些贫困和不利人口提供继续的技能、技巧和资源，使他们能够自食其力"。同时，理论界对创业教育也有不同的见解，有专家认为"创业教育是指以开发和提高青少年的创业基本素质，培养具有开创个性的社会主义建设者和接班人的教育"，另有学者认为"创业教育是高校创造教育的重要组成部分，通过让在校生将自己所学知识和技能进行应用转化进而创办企业的教育可以增强大学生的创新精神和创新能力，这是高校培养创新人才的有效途径"，"创业是一种面向社会需要，建立新的组织向公众提供产品或服务的社会活动"，"创业教育是以知识传授和创业能力培养为内容的教育活动"。学者对创业教育从不同角度做出的不同阐释，可以看出创业教育其核心本质都是要培养人的创业精神和创业能力的。基于此，创业教育是指教育者按照当今社会对人才的需要条件，通过教育手段向受教育者施加有目的、有计划、有组织的影响，以使受教育者具备创业的精神和能力。

（三）就业教育和创业教育的关系

近十年来，大学生创业活动越来越多，但我们看到大多数的创业活动多以失败而告终，从这些失败的经验中可以知道大学生在创业时很大程度上受到了缺乏创业知识、创业能力的限制。怎样提高科技转化率，提高创业成功率，提高社会文化基础促进创业，这都是需要由创业教育来解决的问题。一般情况下，先有创业教育后有创业，创业教育是从事创业活动的准备阶段，包括创业知识、创业意识、创业技能等方面的教育。它是一种素质教育，只有通过创业教育奠定基础，为创业作先导，才能有创业的实际行动。没有创业教育在思想和技能上的教育和培养就不会有创业的行动和成果。因此，创业教育是为大学生创业所做的准备性教育。需要明确的是，虽然创业教育是大学生创业的基础和先导，但是创业未必一定会成功。然而，由于创业教育具有对人的发展、指向、改造功能，对大学生创业素质的提高具有很强的针对性，使得创业教育必将使创业这一行为更加具有有效性，同时也增大了创业成功的可能性。创业是目标，创业教育是基础。只有基础打牢了，创业所需的各种能力具备了，大学生的创业目标才能真正实现。

## 二、大学生就业与创业教育的必要性

（一）满足社会发展及企业对人才培育的需求

习近平总书记在党的二十大报告中强调要实施就业优先战略，促进高质量充分就业。一方面，人才是全面建设社会主义现代化国家的第一资源，是基础性、战略性支撑。大学生是国家宝贵的人才资源，是国家发展、民族复兴的有生力量。高校开展就业教育能够帮助大学生提升服务国家发展战略的意识和能力，把握新时代的发展机遇，自觉融入全面建设社会主义现代化国家的火热实践，为实现中华民族伟大复兴贡献青春力量。这有助于充分释放我国人才资源红利，为社会主义现代化国家建设提供重要人才支撑。另一方面，就业是国之大计、民之大事。大学生就业事关学生和家庭的现实利益，事关社会的和谐稳定，做好大学生就业工作，是做好保障基本民生工作的重要内容，是全面建设社会主义现代化国家的内在要求。高校积极开展就业教育，有助于大学生早就业、就好业，促进高质量充分就业，服务毕业生就业局势稳定，为全面建设社会主义现代化国家创造稳定的社会环境。大学生就业难问题是现代社会的高频次讨论话题。企业找不到合适的人才，大学生找不到合适的岗位，说到底还是由于用人需求和学生素质严重脱节。"德才兼备、以德为先"，这是许多企业聘用的首选。职业素养，实质上就是"德"的构成要件。因此，企业除了要考核大学生在校期间的专业技能外，更要关注他们的职业素养，如写作能力、敬业精神、是否忠诚、有无责任感，是否具备一定的创新能力等。以就业为导向，定向培育有较高素质的毕业生，更适合高职院校、社会企业和学生自身的发展需求。

（二）契合高职院校人才培育目标的要求

对高职院校而言，培育应用型技能人才是最大的办学目标。高职院校需要将培养重点放在德智体美劳的全面发展上，根据国家的政策，坚持全员、全过程、全方位育人的"三全育人"要求，让学生掌握今后必备的职业技能。所以，以就业为导向的职业素养培育同样也是在学校设定人才培育目标的基础上进行。职业素养培育不仅是高职教育主动顺应时代变化的必然之选，更是提高人才质量的根本。对应用型技能人才进行培育时，高职院校既要考核学生的理论基础、知识技能，更要注重对他们专业相关素养的培养，从根本上提高培育质量。

高等教育的根本任务是立德树人，衡量其发展质量的最重要指标就是人才培养质量，即人才培养是否能够满足经济社会发展的需求。就业教育是"联系学校与社会、学生与职业的纽带，是使学生顺利走上社会、完成教育向职业转变所必要的手段，也是使学生在适合的岗位上更好发挥才能、为社会做出贡献的重要保证"。高校开展就业教育，有助于学生正确认识和把握个人与国家、社会之间的关系，引导学生将个人理想抱负和国家事业发展紧密结合起来，到祖国和人民最需要的地方建功立业，成为社会主义事业的建设者和接班人。同时，就业教育能够让大学生在学习专业知识的基础上，更有针对性地学习掌握未来岗位需要的理论知识和实践技能，提升就业能力和职业转换能力，更好地适应行业发展对岗位人才知识与能力结构的新要求，成为经济高质量发展所需要的人，从而有效提升高校人才培养的目标达成度和社会适应度。

（三）顺应学生的职业发展需要

近年来职业院校的入学人数增多，但生源质量并不乐观。有些学生选择专业时比较盲目，对专业发展和前景缺乏了解，不懂得如何进行职业规划。同时，很多学生不愿吃苦，缺少基本的团队意识和协作能力。作为学生踏入社会前的最后一道屏障，高职院校的教育将帮助他们从学生身份转变为职业人。每个行业都有不同的技能要求，但职业素养要求大同小异。从入校前的素质情况分析，高职院校在校生远不能满足企业对大学生职业素养设定的标准。这对院校职业素养培育带来了新的挑战。高职院校应当坚持以就业为导向，既要传授岗位相关的基础技能，也要引导大学生树立长远的职业理想和规划，养成良好的职业行为习惯，不断提高大学生在人才市场的竞争力。大学生能否形成正确的职业观，能否顺利就业，能否实现高质量就业，关系着大学生未来事业发展和人生成就。就业教育有助于学生了解国家就业形势和政策，了解自己的优势特长和兴趣，了解各行业发展需求，形成全面的环境认知、岗位认知和自我认知。引导学生树立正确的职业意识，开展科学的职业生涯规划，在就业市场中找到清晰定位，充分结合自身素质和能力找到最能激发自我潜能的岗位和职业路径，实现"人尽其才""才尽其用"，帮助学生迈好走向社会的第一步。同时，就业教育具有独特的育人价值，能够引导学生树立正确的劳动观，摒弃不劳而获、投机取巧、贪图享乐等错误观念。大学生不管在什么岗位都要全力以赴，做到干一行、爱一行、专一行、精一行，以实际行动实现个人理想，为将来走上工作岗位后摆正工作态度、在职业发展中获得更多发展机会奠定坚实基础。

（四）大学生就业教育是促进高质量充分就业的必然要求

当前，我国经济发展正处于由高速发展向着高质量发展转型升级的过程，世界百年未有之大变局加速演进，世界经济陷入低迷期，大学生就业的不稳定性和不确定性明显增加，加上高校毕业生人数屡创历史新高，就业结构性矛盾还没有得到根本缓解。与此同时，学生就业"求稳"心态日趋突出，"考研热""考公热"持续升温，"慢就业"人数增多，"躺平""尼特族"等现象也有所增加，高质量充分就业面临巨大挑战。在复杂严峻形势下，积极开展就业教育，引导学生坚定"当代中国青年生逢其时，施展才干的舞台无比广阔，实现梦想的前景无比光明"的信心，"保持平实之心，客观看待个人条件和社会需求，从实际出发选择职业和工作岗位"，不片面追求"一步到位"，不一心只想捧个"铁饭碗"，不因一时求职困难而消极逃避，不跟风随大流，平等对待每一个职业，以更加积极的心态接纳新产业新业态，以更加主动的姿态去基层就业，以更加长远的眼光看待中小微企业就业，对促进大学生高质量充分就业具有重要意义。

## 第二节　大学生就业、创业教育的背景

### 一、大学生就业教育的背景

大学生就业教育的背景是为了切实加强就业指导所开展的一系列教育实践探究和创造性的行为。大学生的就业教育在很大程度上与时代的发展和现实需求之间有着非常密切的关系。总体来看，学生就业教育的背景主要有以下几个方面。

（一）高等教育大众化背景

1.高等教育大众化的理论内涵

高等教育大众化理论是由美国著名教育社会学家马丁·特罗教授在 1973 年发表的《从精英向大众高等教育转变中的问题》一文中首次提出的，他把高等教育的发展分为 3 个阶段，即精英教育阶段、大众教育阶段和普及教育阶段。其中，高等教育大众化阶段指的是高等教育入学人数达到适龄人口的 15%～50%（精英阶段，毛入学率低于 15%；普及阶段，毛入学率高于 50%）。当然，高等教育大众化不仅是一个数量指标，更有着质的规定性。质的变化包括教育理念的改变、教育功能的扩大、培养目标和教育模式的多样化、课程设置、教学方式与方法、入学条件、管理方式以及高等教育与社会的关系等一系列变化。高等教育大众化的数字划分不是一个绝对概念。15% 或 50% 的划分标准是马丁·特罗根据自己对西方国家高等教育发展态势的研究，通过合理的逻辑判断推理出来的，它只是一种符合或象征，不具备特殊意义。他的划定标准旨在说明当高等教育发展到一定程度时，或者说高等教育的毛入学率达到一定量时，在大学的内部，教育形式和内容、教育功能、管理方式等都将发生一定改变，面对变化，各国都应该引起重视并做出必要的准备。所以说，高等教育大众化理论是一种揭示变化、具有预警功能的理论，高等教育的发展必须注重这种警示功能而非把 15% 的毛入学率作为高等教育大众化理论的精髓。高等教育大众化也不是抛弃精英教育实施粗放式低质量的教育，而是更加支持和发展精英教育。马丁·特罗认为，在一个高等教育体系中大众教育和精英教育可以并存。他指出："大众高等教育的发展不一定要破坏精英教育机构及其组成部分，或者是一定要其转变成大众型高等教育机构。精英高等教育确实仍在发挥着高等教育所不能发挥的作用，其中的一些功用是教育和训练经过严格选拔的学生，以使他们适应高标准和高度创造性的脑力工作。"因此，高校在不断扩大规模的进程中，不能一味强调大

众化特征而忽视了高等教育的精英性，而应以精英教育为核心，以丰富的教育资源为基础，以高质量的教育水平为依托，以满足日益增长的教育需求为目标进行理性发展。

2. 高等教育大众化的基本特征

（1）投资主体、办学主体多元化

马丁·特罗对高等教育的阶段划分是根据入学人数占适龄人口的比例来确定的，想要实现高等教育大众化就必须扩大招生规模，增加高等院校的数量，这样一来，国家投资办学的财政资金必然加大，单靠政府的力量难以缓解大部分学校办学经费拮据的状况。为解决这一问题，世界上大多数国家都采取了发展私立高等教育的措施。因此，在高等教育大众化时期，虽然政府仍是高等教育发展的主要责任人，是投资办学的主体，但广泛吸纳社会资金，联合地方、企业、事业、公民个人共同办学成了保证各国高等教育持续发展的重要途径。就我国而言，鼓励和支持各种社会力量以多种形式办学，形成以政府办学为主体、公办和民办教育共同发展的格局，已经成为国家的一项教育政策。

（2）教育需求、教育结构多层次化

从教育需求来说，在精英教育时期，高等教育主要为国家和政府服务，培养的是能推动国家发展的高级专门人才，而在大众化阶段，社会不仅需要更多高素质的综合型、创新型、管理型人才，还需要大量技术型、实用型人才；从结构上来说，大众化时期不仅要有重点大学、一般本科院校，还应存在众多高职高专院校，并且各个高校必须明确定位，寻求办学特色，如研究型大学仍然要注重发展精英教育，培养学术人才，一般本科院校尤其是专科院校应更多地承担大众教育的任务，侧重培育技术型、实用型人才；从办学形式上来看，除了正规的全日制高等教育外，还要大力发展函授教育、远程教育。

（3）教育质量多样化

教育质量多样化是高等教育大众化的关键。教育质量多样化指的是不同类型、不同培养目标与规格的高等教育，应该有各自的质量标准，努力达到各自的高质量要求，而不要都向学术型高等教育攀比，都要办成研究型大学。在大众化的过程中，教育质量一直是一个颇具争议的话题。很多人认为教育规模的扩大或者说受教育者数量的增多必然导致教育质量的下降，质量是教育的生命线。因此，以牺牲质量来换取数量的做法并不可取，更别说质量多样化了。实际上，这是对高等教育大众化的误解，大众化并不是放弃精英教育，数量和质量也不是一对不可调和的矛盾，高等教育质量多样化也不是不求质量，而是应更客观地去评价教育质量。

3.高等教育大众化背景下大学生的就业形势

（1）大学生就业岗位趋向大众化

根据马丁·特罗的理论，当高等教育发展到大众化阶段时，接受高等教育便不再是少数人的权利，大学生从高不可攀的天之骄子转变为普通大众，大学文凭不再是傲人的就业资本，只能作为就业的一个必备条件。与此相适应，社会提供的岗位也是低端多，高端少，呈"金字塔"状分布，大学生就业必须从"金字塔"顶端下滑，就业岗位趋向大众化。在这种形势下，只有一小部分毕业生可以凭借自身实力进入精英岗位，更多的人要作为普通劳动者从事平凡的、基层的工作，高校毕业生的就业由"精英"走向"大众"。大学生就业岗位趋向大众化的表现主要有以下几个方面。

职业选择多样化。大学生在就业时可以选择更多元化的职业，不仅局限于传统行业，还包括新兴的领域和创业就业。他们可以选择从事科技创新、互联网、文化创意产业等新兴行业，符合自身兴趣和发展潜力。

就业机会分布更广泛。大学生就业机会不再集中在特定地区或行业，而是更加分散和广泛。不局限于一线城市、大型企业或国有企业，也可以选择到二、三线城市、中小企业、民营企业等就业。这样可以减缓一线城市人口压力，促进区域经济平衡发展。

就业岗位需求更加灵活。随着社会经济的变革，大学生就业岗位的需求也在发生变化。不再仅仅追求长期稳定的职业，更多的大学生开始关注有个人发展空间、能够发挥创造力和挑战性的工作。他们更愿意尝试灵活的就业形式，如自主创业、远程办公、平台就业等。

就业岗位与社会需求紧密相连。随着技术进步和社会发展，就业岗位的需求和社会需求越来越紧密相关。大学生的职业发展更加注重满足社会需求，如环保专业人才、医疗健康领域人才等。同时，社会对人文学科、艺术类专业的需求也在不断增长，反映了人民群众对文化教育和社会服务的需求。

总之，大学生就业岗位趋向大众化不仅意味着职业选择的多样化，也体现了社会对人力资源的需求多元化和市场的就业机会的广度和深度。这有助于提高大学生的就业机会和就业竞争力，为他们建立更多的发展选择。同时，也有助于推动社会经济的发展和结构的优化升级。

发展新兴行业和领域。随着科技的发展和社会的变革，新兴行业和领域呈现出巨大的就业潜力。政府可以加大对新兴行业的支持力度，鼓励企业创新发展，为大学生提供更多就业机会。

促进终身学习。随着科技的快速发展，职业技能的更新换代速度也在加快。大学生应当具备终身学习的意识，不断提升自己的专业技能和综合素质，以适应就业市场的变化。

（2）大学生就业市场由卖方转变为买方

在精英教育时期，大学生是社会上的紧缺型专业人才，高等院校的毕业生供不应求，就业市场是以大学生为主导的卖方市场。随着高等教育向大众化的推进，大学生的人才供需状况发生了根本性改变，大学生与社会需求之间的关系从供不应求发展为供求平衡，直到今天的供大于求，大学生就业市场由卖方走向买方。就业市场的转变是一个不以人的意志为转移的客观事实，也是大众化阶段就业形势的重要标志，由于大学生的增速远大于社会岗位需求的增速，在今后相当长的一段时间内，高校毕业生的就业都将处于买方市场状态，并且不同层次毕业生之间的岗位挤占效应也会增强。大学生就业由卖方市场变为买方市场意味着在就业过程中，大学生作为求职者拥有更多的选择权和话语权，雇主则面临竞争，需要采取措施来吸引和留住人才。以下是这一变化的一些表现。

大学生就业率提高。随着经济发展和就业创造机会的增加，大学生的就业率逐渐提高。他们有更多的机会选择合适的工作，而不是被迫接受不合适的岗位。

岗位需求结构调整。雇主开始关注人才的素质和能力，更注重综合素质和创新能力的培养，而不仅仅看重学历背景。这种转变导致了岗位需求结构的调整，为大学生提供了更多的机会去适应市场需求。

薪酬水平上升。随着大学生就业市场的变化，雇主为了吸引和留住人才，一方面提供更有竞争力的薪酬待遇，另一方面提供更丰厚的福利和发展机会。这使得大学生在就业过程中能够更好地享受到合理的薪酬回报。

就业形式多样化。除传统的全职就业外，大学生就业市场的变化还表现为就业形式的多样化。例如，兼职、实习、自由职业和创业等就业方式不断增加，为大学生提供了更多的选择和发展机会。

增加的培训和发展机会。雇主为了留住人才，提升员工的综合素质和专业技能水平，提供了更多的培训和发展机会。这种变化使大学生有机会在工作中不断学习和成长，提高自身竞争力。

总体而言，大学生就业从卖方市场变为买方市场是一个积极的转变，它为大学生提供了更多的就业选择和机会发展空间，同时也促使雇主提升员工的待遇和发展环境，推动了整个社会就业市场的稳定和健康发展。

（3）大学生就业结构性矛盾突出

大学生就业难不仅是因为大学生数量的增加，更主要的是大学生就业的结构性矛盾突出。结构性矛盾包括地域结构矛盾、专业结构矛盾和学历结构矛盾等。从就业地域来看，经济发达的东部沿海地带对大学生的需求量较大、吸引力高，就业形势相对较好，而中西部欠发达地区虽然也急需大批高质量人才，却很少有大学生愿意去；从专业结构上来看，社会上对信息通信、建筑工程、道路桥梁、计算机、机械及自动化等热门紧缺专业需求比较旺盛，而对法学、哲学、经济学、政治学等专业的需求却偏少；从学历层次上来看，各个用人单位都青睐研究生、重点大学的本科生，对普通学校的大学生尤其是专科生需求较少。

大学生就业结构性矛盾是指在就业过程中，大学生在相关岗位中的需求与提供之间存在不平衡和不匹配的情况。以下是大学生就业结构性矛盾突出的一些表现。

就业难度增加。由于高校毕业生数量的快速增长，市场供求不平衡导致大学生就业难度增加。特别是在一些传统行业和野外事业中，就业的竞争相对激烈。一些就业岗位难以满足大学生就业的需求。

行业分布不均衡。大学生就业结构性矛盾也表现在各个行业的就业分布不均衡。一些新兴行业和高新技术行业对大学生的需求比较大，而传统行业对大学生的需求趋于下降。这导致了一部分大学生难以找到与其专业相匹配的工作。

薪资待遇较低。由于就业市场竞争激烈，一些用人单位在薪资福利上存在一定的压缩空间。这导致了一些大学生的薪资待遇较低，难以满足他们的生活需求。

就业结构不合理。大学生就业结构性矛盾还表现在就业结构不合理。一些大学生选择从事与自己专业不相关的工作，或者滞留在低技能、低待遇的岗位上。这可能是由于大学生就业观念不足、专业技能匮乏或者就业机会有限等原因导致的。

办学与市场需求脱节。大学生就业结构性矛盾的另一个表现是一些高校的办学方向与市场需求脱节。一些高校的专业设置与市场需求不匹配，导致毕业生就业困难。

针对大学生就业结构性矛盾，需要加强高校教育与社会需求的连接，培养符合市场需求的人才；加强职业教育培训，提高大学生的技能水平；加强就业信息服务，提供更多对大学生就业有益的信息；推动区域经济发展，创造更多就业机会，以促进大学生就业结构的合理调整。这些措施将有助于缓解大学生就业结构性矛盾。

（4）大学生就业成本增加

首先，大学毕业生在买方市场形势的压迫下，由于需要参加的应聘场次和地域的扩大，增加了他们的就业成本支出，高校毕业生就业总体需要的时间增长。其次，大学生找工作的成本加大、时间延长，使得大学毕业生的初期失业率提高，部分大学生不得不面对毕业即失业的无奈。据统计，2001 年毕业生在离校时尚未落实工作岗位的人数还只有 34 万人，但到 2009 年便增至 196 万人，而且大学生的就业率也在一直徘徊在 70% 左右。不过，根据国外高等教育大众化的经验来讲，虽然大学生毕业初期的失业率较高，但整体上要低于社会的平均失业率，所以即使就业形势严峻，大学生也应理智看待暂时性失业，乐观应对求职挫折。大学生的就业成本增加主要表现在以下几个方面。

教育投入增加。高等教育的费用不断攀升，大学生就业所需的学费、住宿费、学习材料费等成本增加。此外，大学生为了提高就业竞争力，还需要参加各种培训、考证等，这些都需要额外的费用。

就业准备成本增加。为了提高竞争力，大学生需要参加各类实习、兼职、社会工作等，以积累工作经验和拓宽人脉。这些实践活动所需要的时间和金钱投入都会增加就业成本。

就业压力加大。随着大学毕业生数量的增加和社会就业机会的有限性，大学生的就业竞争压力更加明显。为了找到满意的就业岗位，他们可能需要投入更多时间和精力进行求职准备、参加招聘会、制作个人简历等，这些都会增加他们的就业成本。

就业技能培养成本增加。随着社会对大学生就业能力的要求不断提高，大学生需要不断提升自己的职业技能和综合素质。为此，他们可能需要参加一些培训课程、学习新的技术和知识，甚至需要考取更高级别的职业资格证书。这些都需要一定的时间和金钱投入。

大学生的就业成本增加不仅是个人问题，也是社会问题。政府、学校、社会各方应共同努力，通过建立健全的就业政策、提供更多的就业机会、加大对大学生的培养力度等措施，降低大学生的就业成本，促进大学生就业。

（二）双创教育背景

1."双创"提出的时代背景

深入掌握"双创"的内涵，不仅要从字面意义上理解，更要结合"双创"提出的时代背景和"双创"所蕴含的时代价值加以深化理解。

（1）经济发展进入新常态

"新常态"是以习近平同志为核心的党中央在深刻总结全球经济发展的新态势和我国经济发展的新变化新矛盾的基础上，审时度势对我国现阶段经济发展态势做出的战略判断。在2014年召开的全国中央经济工作会议上，习近平指出："我国经济发展进入新常态是我国经济发展阶段性特征的必然反映，是不以人的意志为转移的。认识新常态，适应新常态，引领新常态，是当前和今后一个时期我国经济发展的大逻辑。"经济发展进入新常态是客观规律使然，从国内经济形势来看，中国经济必须保持一定的发展速度，才能解决各种类型的社会问题和为实现中华民族伟大复兴的中国梦积聚资本；但面对"全球化红利""工业化红利""人口红利"的根本性转变，改革已经进入深水区和攻坚期，中国经济以"做不到""受不了"和"没必要"保持过去经济的高速增长。但是，经济发展事关改革开放的大局、事关党的执政安全和社会和谐稳定、事关中华民族的伟大复兴。直面经济发展新常态，必须保持清醒的头脑，深刻分析世情、国情、党情和社情的新变化，寻找新的经济增长动力，才能破解发展难题，成功跨越"中等收入陷阱"。显然，"大众创业、万众创新"既符合世界经济创新发展的潮流，又契合我国经济发展的现实，无疑成为新常态下拉动经济发展的"新引擎"。通过大众创业形成小企业"铺天盖地"、大企业"顶天立地"的发展格局，创造出更多的就业岗位，不仅有助于破解就业难题，更主要的是能够充分发挥劳动力资源优势助力中国经济发展。万众创新是实现经济发展由要素投入向创新驱动转型的根本之需，创新是民族进步的灵魂，是一个国家兴旺发达的不竭动力，习近平指出："科技发展的方向就是创新、创新、再创新。"目前，我国科技创新与发达国家仍不可相比，转换经济发展动力，根本在于增强自主创新能力。显然，要增强自主创新能力，根本在于激发起万众创新的热情和积极性。因此，经济发展进入新常态阶段，提出"双创"发展战略具有客观必然性。

（2）推动实现更高质量就业

推动实现更高质量就业是党的十八大提出的战略目标。更高质量就业"从宏观层面上，主要是指充分的就业机会、公平的就业环境、良好的就业能力、合理的就业结构、和谐的劳动关系等"。不仅如此，创业对就业具有倍增效应，创业是就业的最高形式，大众创业、万众创新是推动实现更高质量就业的核心之需。从影响更高质量就业的主客观因素来看，更高质量就业意味着就业和创业能力提高。更高质量就业的实现需要主观因素和客观因素相统一，主观因素主要是指就业个体的自身就业能力方面，客观因素主要是指就业环境和社会条件方面。当前大学生就业质量距离更高质量就业的目标仍有较大差距，原因主要在于大学生实际就业能力远不能满足更高质量就业的要求。长期以来，由于片面强调就业率，致使许多高校为完成就业率，在就业教育过程中，将择业技巧、择业方法等作为主要教育内容，而事关学生长远职业发展的道德教育、职业理想教育、心理健康教育、社会适应能力教育等却受到不应有的忽视，犯了本末倒置的错误。在"就业率第一"指挥棒的影响下，各种奇葩的"被就业"现象频出。显然，这既不利于学生的长远职业发展，也违背了就业教育的本质。要想真正转变这种短视的就业教育理念，就必须转变单纯以传授就业技巧、技能等临时抱佛脚式的就业教育。因此，通过大众创业、万众创新的政策支持和氛围营造，推动就业教育实现从传统的以"就业"为目的的社会适应性教育，向"创业就业""创新创业"为目的的就业创业教育转型，这对于提高大学生就业能力，增强社会适应性，促进职业稳定持续发展具有重要的意义。"双创"对大学生个体发展和个体价值实现提出了新的更高的能力和素质要求，从而有利于实现更高质量就业。

（3）实现中华民族伟大复兴的中国梦

实现国家富强、民族振兴、人民幸福的"中国梦"是提出大众创业、万众创新的客观要求。实现中华民族伟大复兴的中国梦是近代以来中国人民接续奋斗，孜孜以求的梦想，"现在，我们比历史上任何时期都更加接近中华民族伟大复兴的目标"，但在实现梦想的征程中，要把蓝图变成现实并非一帆风顺，经济发展进入新常态，改革开放进入深水区和攻坚期，更有与经济相关的社会问题，生态问题、就业问题、收入分配问题等；错综复杂，盘根错节，一旦失衡，后果不堪设想。

2."双创"的内涵

从"双创"提出的时代背景和蕴含的价值，可以基本勾勒出"双创"的含义，"双创"即大众创业、万众创新，是指国家基于转型发展和挖掘国内创新潜力提出的发展战略，旨在优化创新创业环境，激发蕴含在民众内部无穷的智慧和创造力，让那些有能力想创业的人施展才华，以创业创新带动就业，在创业创新中实现人生价值。理解"双创"的含义，还需要把握以下几点。首先，关于"大众"和"万众"的理解，"大众"是相对于"小众"或"部分人"而言的，是指相对于过去的只有"小众"精英才能实现的创业创新，现在所有的人都可以创业创新。显然，社会创业创新的环境将会更加优良，创业创新的机会和创业创新的政策支持将会更加公平，这也体现了社会的总体公平。"万众"强调的是万众一心、众志成城，共同创业创新创造。可见，"大众"和"万众"不是所谓的数量上孰多孰少的问题，二者都强调创业创新的广泛性和普遍性。只有在大众创业的基础上，才能促进更多的人（万众）去思考如何创新，占得先机。同时，只有通过万众创新，才能创造更多的新产品、新技术，创造出更多的成果，为创业助力。其次，从创业、创新的关系来看，"创新和创业是两个既有紧密联系又有区别的概念。二者在某种程度上具有互补和替代关系，创新是创业的基础和灵魂，而创业在本质上是一种创新活动。"创新到创业需要一个观念转变、教育提升、能力提高、环境熏陶、政策扶植的过程。创业既包括一般性的生存型创业（主要目的是解决就业问题），也包括创新性创业。创新性创业是对生存型创业的超越，是对社会发展、个人价值实现具有更大促进作用的创业，主要目的是落实创新驱动发展战略。再次，"双创"体现了创业、创新、人和企业"四位一体"的发展总体要求。经济社会发展需要创业和创新，但创新、创业都是人的行为，"双创"时代，意味着创业、创新进入"草根"时代，创业真正走入寻常百姓家。从某种程度上讲，"双创"也是以人为本推进创新，充分调动和激发人的创新、创业的基因。将人、企业、创新、创业四者有机结合起来。从现时代发展的背景来看，"双创"是一种政策措施，即在经济发展进入新常态的背景下，国家为促进经济提质增效，激发经济发展活力而提出的战略举措，目的是要通过政策扶植，激发人民的创业热情和创新潜能。"双创"还是一种社会实践活动，创业是对物力、人力、财力等的重组，通过变革现存条件，实现改造社会的目的。"双创"更是一种文化现象。

从当前来看，"双创"体现着鼓励创新、宽容失败的文化氛围，体现出"敢闯敢拼"的勇气和智慧。

## 二、大学生创业教育的背景

### （一）"互联网+"

"互联网+"是在创新2.0驱动下互联网发展形势下的新形态，就是将互联网与传统各项经济行业相结合，充分利用现代信息化技术与互联网信息平台，促进传统行业经济发展新模式，实现传统经济模式与结构的改造升级。由于互联网特殊的技术特点与互联网企业的特殊经营管理模式等，互联网创业具备一些与传统行业创业的不同之处，互联网新浪潮引领的创业新浪潮也有其新特点。"互联网+"主要是用户导向型，与最新科学技术相结合，不仅与创业、创新、创投形成"铁三角"，而且可为传统行业更新提供技术支持和思维创新。互联网创业具有衍生性较强的特点，与传统行业有更广泛的合作空间，例如，唯品会、淘宝、当当网、支付宝、Apple Pay等就是将传统百货购买、传统银行柜台、传统现金支付方式等与"互联网"大数据平台的有效结合形成的创业创新新模式。这种利用互联网创业与传统商业的多元组合模式不仅减短了企业和用户之间的距离，同时也加快了企业的创新步伐，而且使创业者与用户直接接触，满足用户的各种需求，这种由"互联网"带来的"特异功能"极大地推进了创业者创新精神的培养，推动了我国市场经济的发展。由此，简单来说，"互联网+"就是指依托互联网信息技术，来促进互联网与传统产业的深度融合，并且充分发挥互联网大数据的优点，实现产业产品结构升级，提高经济生产力，最终实现社会财富的增加。

"互联网+"是指将互联网与各个传统行业相结合，通过互联网技术的应用，实现生产、管理、服务等各个环节的创新和优化。"互联网+"的优势主要表现为以下几个方面。

提升效率。通过互联网技术的应用，可以快速高效地传递信息、获取数据和共享资源，大幅提升各个行业的工作效率。例如，通过在线购物平台，消费者可以随时随地方便地浏览和购买商品，商家也能够更快速地销售商品，实现供需双方的高效对接和交流。

降低成本。互联网技术的应用可以减少中间环节以及各种烦琐的人工操作，降低企业的运营成本。例如，通过在线办公工具和云存储服务，企业实现了信息共享和协同办公，减少了传统办公的空间和人力成本。

拓展市场。借助互联网的力量，传统行业可以突破地域限制，实现全球范围的市场拓展。通过电子商务平台，企业可以将产品推向全国甚至全球，吸引更多潜在客户，并实现销售业绩的提升。

创新模式。互联网的特性带来了全新的商业模式和创新方式。通过互联网技术，传统行业可以与互联网企业合作、共享资源，实现资源整合和创新升级。例如，共享经济模式中的共享出行、共享住宿等创新服务，通过互联网的连接和智能化技术，推动了传统行业的转型升级。

提升用户体验。互联网的应用为用户提供了更加便捷、个性化的服务体验。通过智能设备和物联网技术，用户可以随时随地获得所需的信息和服务，提高生活和工作的便利性。

（二）"互联网＋"背景分析

1.五大新发展理念为创新提供理论基础

新发展理念又被称为"五大发展理念"，即创新、协调、绿色、开放、共享的发展理念，具有战略性、纲领性、引领性、科学性等，其中"创新"居于首位。这不仅是对马克思主义的继承与发展，也是新时代马克思主义中国化的重要体现。新发展理念关系着我国发展全局的变革，揭示了现实更为有效率、公平、高质量、可持续发展的必由之路。新发展理念是针对新时代中国经济发展进入新常态所提出的治本之策，也是针对当前我国发展所面临的新问题和新挑战提出的战略引导。国家领导人也多次强调，新发展理念符合于我国现国情的发展，顺应社会时代的要求，对增强发展动力、破解难题、发展优势有着指导性意义。同时也多次指出，新发展理念是"指挥棒、红绿灯"，是"行动的先导，管全局、管根本、管方向，是发展思路、方向、着力点的集中体现"。创新发展实质解决的是发展动力问题。民族进步的灵魂，国家兴旺的源泉，民族的禀赋都会因创新而发展，所以必须把创新发展放置于国家发展全局的核心位置，要源源不断地推进理论、制度、科技、文化等各方面的创新。我们不仅仅以创新发展来推动我国经济的平稳发展，也要推动我国教育、科技、文化等多方面全方位稳定发展。新发展理念能够推进教育的均衡发展，为经济、社会的发展培养高素质劳动者，提高教育教学质量；新发展理念能够推动创新激励机制的完善，鼓励大众创新创业，充分发挥人民群众的创造精神；新发展理念优化竞争机制，形成全员参与，全民尽力。新发展理念坚持马克思主义，秉承以人为本的原则，坚持社会发展和人之间的辩证统一关系，通过人的发展来推动创新、协调、绿色、开放、共享。所以新发展理念具有科学性。本研究所体现的"创新"，就新在利用"互联网+"新思维来改变大学生的传统就业观念和培养创新创业新模式，不仅只局限于五大理念提出的"创新"，更重要的是要让大学生具有服务思维、"互联网+"数据思维以及平台思维，要学会利用相应的理论基础为自身创新创业发展服务。高校开展创业教育时更应该与新发展理念中的"创新"相契合，改变以往的教学模式，改革创业教育的课程设置，利用多种手段与时俱进坚持创新，建立"互联网+创业课程"的教育模式。

2. 新常态为"互联网+"发展提供新思路

新常态，是最近我们常听到的"热点词"之一。所谓的新常态，其中"新"就是区别于旧质；而"常态"就是指实物原有的状态。新常态就是与以往的状态不一样，但是处处又展现出新的面貌。这是一种具有长期趋势性、不可逆的发展状态，这就意味着我国的社会政治、经济、文化已进入一个与过去三十多年高速增长期不同的新阶段。习近平总书记第一次提出"新常态"这个词，是在 2014 年 5 月考察河南的行程中，他说："中国发展仍处于重要战略机遇期，我们要增强信心，从当前中国经济发展的阶段性特征出发，适应新常态，保持战略上的平常心态。"新常态下党和国家不仅提出了促进经济发展的战略，而且更为"互联网+"明确了新的发展思路，需要逐步完善各项支持政策和措施。2017 年 3 月 27 日，教育部举办的第三届中国"互联网+"大学生创新创业大赛在西安电子科技大学正式启动，旨在深化高等教育综合改革，激发大学生的创造力，培养造就"大众创业、万众创新"的生力军；推动赛事成果转化和产学研用紧密结合，促进"互联网+"新形态形成，服务经济提质增效升级；以创新引领创业、创业带动就业，推动高校毕业生更高质量创业就业。习近平总书记在给第三届"互联网+创新创业大赛"参赛学生回信中指出，要通过创业来达到坚定意志信念、锻炼意志品质、要把国家民族复兴与自身梦想紧密结合。创新创业不仅是实现人生价值的重要途径，也是思想政治教育的重要内容。

3. 思想政治教育指导树立正确就业观

思想政治教育作为社会主义教育的重要组成部分，对提高人的综合素质、促进人的全面自由发展起着十分重要的作用，不仅可以全方位的、多角度地培养大学生健康的就业观念和创业素质，同时也可以让大学生的心理、智能等全方面发展。首先，思想政治教育有助于大学生树立正确的世界观、人生观和价值观，能够为大学生树立正确的择业观提供价值导向。当代大学生大部分存在着以自我为中心追求享乐、盲目从政、就业依赖性明显等就业特征，缺乏对自身的正确定位。首先，需要通过思想政治教育来引导大学生把个人的兴趣爱好和特长与国家和社会的需要相结合，树立大学生正确的就业价值观；其次，思想政治教育有助于大学生形成良好的职业道德品质。在社会主义市场经济条件下，许多大学生的意志品质和道德素养越来越薄弱，"唯钱是从，唯利是从"的现象层出不穷，为了眼前的利益而不顾企业利益和公共利益，这严重影响了大学生的形象。这就需要高校对大学生开展与思想政治教育相关的职业道德教育和诚信意识教育，使大学生能够爱岗敬业、诚实守信、创新就业；最后，开展大学生思想政治教育能够把大学生的智商和情商有机结合，开发潜能，激发大学生创新意识，提升大学生创业就业的素质。随着大学生毕业人数的日益增加和就业竞争压力的不断加大，大学生在具备一定的理论知识和专业素养的同时，也要具备相应的创新思维能力来适应社会不断变化发展的需要。开展思想政治教育工作能够激发大学生创业就业的积极性和主动性，引导大学生不断去探索研究新情况和新问题，为创新精神的培养提供保证。

## 第三节　就业、创业教育面临的问题

### 一、教育模式上的挑战

高校就业创业教育的教育模式重心应从"自我包装"转向"自我设计"。新世纪以来，高校教育逐渐从精英教育向大众教育过渡，高校的毕业生数量逐年攀高，如何找到一个好工作，从报考专业和学校的选择上就开始关注，但社会变化日益加快，大多数人是无法准确预料几年后的社会环境，所以高校就业创业教育显得很重要，无论专业与学校具体情况怎么变化，树立了科学的职业价值取向才能找好工作，在适合自己的岗位实现自我价值才是王道。杨一平在《大学生就业形势变化与高校就业指导模式的变革》一文中提到，高校就业指导教育的侧重点需要从"产品包装"向"产品设计"转变。"产品包装"是指通过专业的学习，尤其热门专业的深度训练，在毕业时找个大家心目中薪酬比较高的好工作，但是热门专业往往有各种限制性因素，不是每个学生都能够享受这种资源，加上专业的变化性因素，有时 4 年前的热门专业并非毕业找工作时的热门专业。

而"产品设计"更多从学生自身条件出发，有针对性地协助学生加强自身认识，充分挖掘自身意识，进行自我探索，了解自我所处环境的优势与劣势，并对未来的生活有个轮廓性的想象或者人生目标的设定，并综合以上因素来指导自己的学习方向与日常行为提升。它不受具体专业和学校的限制，其涉及基础原则性的因素，可以让大学生不论在什么环境中都可以有个很好的生活学习状态，这就是一种创新性的就业指导教育模式的优势所在。在此过程中指导老师起到很重要的作用，虽然有些学生可以自我发现、自我发展，但是更多的学生需要合理的引导。中国人民大学唐钧等人的调查研究发现，在接受调查的大学毕业生中，对自己将来的发展做出规划的只占 37.7%，还有 60% 以上的毕业生对自己的发展没有做出规划。这就不仅要求高校的就业创业教育的老师进行研究和实施，也需要高校的教育体制提供良好的发展空间，比如近几年选修课的开展、学分制实施、专业路径的拓展等措施给就业教育提供了很好的引导，增强了学生的参与意识，发挥了学生的主观能动性，实现了社会、学校、学生"三赢"的良好结果。所以，在教育模式方面存在形式单一且内容固化的问题在很大程度上影响了学生就业行为和创业行为的开展，也影响了后期的就业教育和创业教育的开展。

### 二、教育内容上的挑战

高校就业创业教育在教育内容上从就业指导到生涯发展辅导是一种质的飞跃。高校就业创业教育在早期偏向于解决毕业生出现的问题，即问题出现后给予策略指引，在就业过程中一般以心理辅导为主，以及指导学生设计求职简历。随着社会环境的变化，教育内容也需要适应社会的新发展，促进毕业生的就业，这要求高校的就业创业教育在教育内容上有创新性的科学发展。天津市教育科学研究院的孟四清教授在《青少年生涯发展辅导的理论探析》中提到，面对社会需求人才层次、类型、能力与知识的区别，要求高校培养独立、自主和创新性的人才，高校职业创业教育应积极地做好生涯发展辅导，意思是辅导个体在发展过程中个体应具备的整合能力，对自我在工作、生活和学习的经验进行资源或信息的整合，并树立一个理想的人生目标，能够激励自己以积极的行动来实现这个目标。

生涯辅导是长久坚持和达变通机的过程，并非一旦设定就不能调整，这个过程需要时间的磨合，建立一个有深度和广度的自我生涯规划。生涯发展辅导在高校的职业创业教育中具有重要的作用，需要积极地引导大学生展开自我探索、设定合理职业期待，并结合有关的现有社会条件及教育资源，做出初步的生涯规划及决策，产生合理科学有调整空间的职业规划，为就业的职业行为提供可靠的选择依据。实现自己的命运把握在自己手中，在实现合法范围内的个人利益的同时为社会发展做出极大的贡献，这是"90后"大学生一直坚持的理念。高校的就业创业教育需要及时准确地了解学生特点，进行平等对话，开展民主的教学氛围，在完善人格的同时做到合理引导学生的个性发展，形成科学的职业价值取向。

在就业教育和创业教育的内容选择上，存在着非常严重的不切合实际的问题。纵观高效应用的就业教育和创业教育教材，基本是通篇向学生阐述有关教育创业的相关理论，所应用的知识也都是一些非常老套的案例。这些老套的案例对大学生开展心理健康和就业创业所产生的作用是非常有限的。大学生无论是在就业过程中还是在创业过程中，要得到的应当是实用性很强的操作技巧，而不是停留在表面的空洞理论，这是大学生在就业创业教育中所面临的一个非常现实的问题，也是在接下来的教育过程中要重点解决的一个问题。特别是在心理健康和就业教育的整合实施过程中，应当把心理健康和就业创业这3个主题密切地统筹结合起来，一方面在极大程度上增强了心理健康和就业创业的影响力，另一方面也让学生享受到了优质的教育知识和专业服务。

### 三、教育对象上的挑战

时代的发展在青年的成长中留下了不同的印记，新世纪新环境在新世纪的青年身上赋予更加明显的特点，尤其是"90后"大学生的特点更加地显现。偏向成熟的思想、比较独立的个性是"90后"大学生的标签，他们有着张扬的性格、富有创造性的好奇心。高校就业创业教育面对新世纪青年的新特点，需要因材施教的策略，不能压抑个性发展，引导积极向上的生活学习状态。这对高校就业指导来说是发展的机会，也是一个重大的挑战。这就给高校带来了很大的压力，既要完善就业指导教育的体系，还要了解探讨在校大学生的心理新特点，在健康积极引导的基础上培养社会需要的适用性的复合型人才。教育对象的新特点呈现不仅是高校就业教育的事情，是关联着高校的整体，做好以就业指导为纽带，教育、管理、服务、关怀"四位一体"的和谐配合是新提出的挑战。"90后"大学生的特点对高校教师的教育教学也是一个挑战，教师不仅需要在知识上做到与时俱进，更新完善知识体系；还需要在授课方式上抓住学生的特点，培养有效的授课方式；更需要从思想上转变对就业专业教育的认识，不再只是高校形式化的内容，高校就业创业教育日益在高校教育中起着很重要的作用，只有老师重视，学生认真，才能在就业指导教育上有所成就。

# 第四章　大学生心理健康与就业、创业的关系

大学生心理健康与就业创业之间有着非常密切的关系。积极的心理和消极的心理分别对就业和创业有着不同的影响，这种不同的影响关系到学生的就业创业行为，同时也在很大程度上影响着学生就业和创业的最终效果。

## 第一节　积极心理与就业、创业

### 一、大学生常见的积极心理

结合大学生在面对个人就业与职业发展这一问题时的基本状态，可以将其积极心理归纳为充满自信、热情主动、良好的协作与沟通、积极向上和坚韧不拔的意志力。

充满自信。充满自信是一种非常重要的心理品质和精神状态。自信主要是指对个人的信心。这种信心一方面表现在与他人交往接触的过程中，另一方面表现在面对各种问题的临场应变和处理的过程中。面对相同的问题和情景，一个自信的人和一个不自信的人给出的反应和表现是完全不同的。自信的人不会害怕犯错误，能够用严谨的逻辑和流畅的语言表达自己的所有观点。即便这些观点中有一些错误，也不会影响当事人的习惯性认知和看法。每个人都喜欢和自信的人相处，每个人也都喜欢和自信的人交往。这一点能够从大学生的日常生活中看出来，拥有自信精神的学生会更有凝聚力，更容易得到来自他人的支持。

热情主动。热情主动是大学生具有的另一项重要的心理思维品质。热情主动不仅和大学生的所处环境有关，更和大学生的受教育经历、个人性格以及学校周边环境有着非常密切的关系。热情主动是快速拉近一个人和另一个人的关系、一个人和一整个团队的关系的重要基础性品质。不妨设想一下，两个陌生人处在一个新的环境中，如果两个人的性格都比较沉稳内敛，都不主动寻找话题与对方接触，大家便

会陷入一种极其尴尬的气氛中，两个人的关系也很难得到良好的维持。这在一个团队中同样也是如此，特别是当团队成员在接纳新成员的过程中，团队中的成员或新加入的成员都反应非常冷淡，这会极大程度上延长新成员融入团队的时间和效率。新团队成员融入整个团队可以说是一种必然的结果，而由于缺乏足够的热情却最终导致团队成员的融入缺乏默契，影响了团队的工作效率，甚至影响了团队成员之间的关系。如果其中有成员有着非常高的热情则完全不同。处于封闭环境中的两个人中有一个非常热情，能够主动寻找话题与另一个人沟通，二人之间的谈话气氛就会变得活跃。在个人与团队相融合时，这种良好的气氛同样是很重要的，团队中的成员如果能对刚加入的新成员表示关怀和慰问，特别是表现出一种主动沟通的善意，对该成员顺利融入整个团队会产生极为重大的作用，让整个团队的工作在较短的时间内步入正轨。

良好的协作与沟通。良好的协作能力和沟通意识同样是非常重要的一种思想认知情绪。这体现的是学生所拥有的一种包容性的社交思维和问题应对思维。在面对问题的过程中，能够始终以团队合作的思维分析问题并尝试将其解决，即便是遇到某些分歧也会尝试与其他成员沟通处理而不是一个人单独应对。这种问题的分析方式和应对处理方式体现的是一种良好的协作精神和交流意识。因为对一个团队来说，最重要的不是成员具备多么突出的工作能力，也不是成员能够明确多么清晰的工作计划，而是整个团队之间所表现出的这种强大的凝聚力。只有确保整个团队成员之间的内部团结才能在应对各种问题、制订各种规划的过程中牢牢拧成一股绳，对抗各种可能出现的事件和风险。良好的团队协作能力和沟通能力是影响整个团队工作效率的润滑剂，具备这种突出的工作协作能力可以让整个团队之间的配合更加高效，特别是能消除团队成员在工作过程中可能会出现的摩擦与其他问题，维持整个团队之间的工作稳定性，让整个团队的合作关系更加密切。

积极向上。积极向上是大学生所具备的另一项非常重要的精神品质。积极向上主要体现的是一名大学生在看待相关事物或分析相关问题的过程中所展现出的一种精神态度和风貌。这种积极向上的思想无论对大学生学习还是在完成学业后的就业都有着非常重要的影响。具备积极向上精神品质的人会更加注意个人的言行，时刻注意个人的一言一行对身边的整个环境所带来的影响，也更加注意个人在他人面前的形象。关于这一点，结合日常生活便可分析其中原理：一个积极向上的人在看待相关问题的过程中会表现出积极的一面，如果看待的对象本身是积极的自然无须多言，可如果正在经历某种重要的情景或遇到了某些极为关键的问题，甚至遇到了困难和挑战，这种积极的思想认知心态便显得尤为重要了。思想觉悟始终积极向上的人不会被一时的困难所影响，更不会因为遭受打击而产生挫折感，即便身处逆境也总是能够以一种乐观向上的态度看待相关问题和个人发展。这种积极向上的乐观精神影响的不仅仅是学生本人的思想认知，更会给身边的其他人产生影响，甚至在一个小团队内，当所有的人因为某种事情受到打击时，负面的情绪很快在整个团队的蔓延，如果某位成员保持积极向上的精神态度并给其他成员加油打气，有助于整个团队快速走出工作低谷，及时调整工作方案，积极应对接下来的工作与挑战。

坚韧不拔的意志力。坚韧不拔的意志力是一名大学生要具备的关键性精神品格。所谓坚韧不拔的意志力指的就是在面对困难时的心态和做法。人生不如意之事十有八九，而面对人生中的不如意，有人选择意志消沉的沉沦，但也有人选择不被困难所击倒，而是坚定信心继续勇敢面对今后的生活。特别是在大学生就业择业的过程中，这种坚韧不拔的精神品质是极其重要的。设想一名大学生在毕业之后找工作，但经过多次尝试却始终没有找到满意的岗位，偶然间找到了一个符合个人要求的岗位，但很遗憾地被对方拒绝。这对刚出校园的大学生来说无疑是一种打击，如果这种情况反复持续多次必然会影响大学生的求职心态。具备坚韧不拔的精神品质就是指大学生能够理性看待这种在求职过程中出现的潜在情况，不会因为一时的不顺而自怨自艾，甚至对个人的未来计划与发展丧失信心。

## 二、常见积极心理对就业的影响

大学生的这种积极心理对个人就业行为有着非常重要的影响，主要表现为以下几个方面。

### （一）准确找到就业方向，节约就业时间

大学生有着良好的工作自信，在就业的过程中可以更加精准地找到就业的方向，极大程度上节约个人的就业时间。

在每一年的毕业季，不同的大学生对个人的就业状况所表现出的态度和做法是完全不同的。自信的大学生对个人的就业行为持有乐观态度，在选择就业方向和就业岗位的过程中更加果断主动，即便是对一些并不熟悉的工作领域和岗位，大学生也有着足够的自信力，认为能够完全胜任岗位上的相关要求。所以，在明确个人的

工作岗位后，大学生会立刻寻找与工作岗位相关的工作机会，将个人在大学时所积累的专业知识和实践能力统筹汇总起来。大学生的这种积极的精神品质更容易在职场中获得任用单位的青睐，整个择业的时间周期被大大缩短。

【案例】

小周是一名英语专业的毕业生。在进入大学选择专业的时候，他便立志要成为一名出色的翻译人员。在大学的这几年间，更是利用很多时间提升个人的翻译专业能力，总结在翻译过程中可能出现的各种情况，甚至了解英语的语言表达方法和英语国家的文化内容与沟通方式。这一系列的充分准备让小周在大学毕业后很快有了第一份工作机会。虽然在实习期间，他深刻感受到个人的翻译能力、翻译速度和翻译精确性方面相对于专业的翻译有很大差距。但他展现出的这种自信以及在认识到个人不足后努力学习弥补的态度给公司的人们留下了深刻的印象。

### （二）出色应对就业团队中的成员关系

在人员就业的过程中，还需要重点处理的一项内容就是团队各成员之间的关系。有和谐恰当的团队成员关系可以形成良好的工作氛围，给团队中的每一位成员产生积极的影响和向上的引导，让整个团队更加具有凝聚力，同时也更容易开展一系列的建设工作。积极向上的心理状态和主动热情的处事风格对维护团队成员之间的良好关系有着极为关键的作用。当团队成员遇到某些问题时，积极热情主动的品质更有助于团队成员之间的有效沟通，及时将其中存在的问题化解，进一步增强团队之间的凝聚力。

### （三）进一步增强就业的信心

大学生在就业初期首先要做的就是适应职场的文化。而我国现阶段的职场文化有很多缺陷和瑕疵，要求员工长时间高强度无偿加班、不签订劳动合同、单方面向员工提出一系列的不公平聘用条约和管理制度都是非常典型的代表。这些公司的个人规律严重影响了员工的自身合法权益，更违背了国家劳动法的相关条例。面对这种职场中的不公平，每一名劳动者都要拿出勇气，努力争取并捍卫个人的合法权益。而在此过程中，劳动者本人会经历一系列的挫折和困难，甚至在屡次遭到这种不公平待遇的情况下，会认为自身无法适应整个社会的生存规则，进而导致自我怀疑。就业心理素质薄弱的劳动者更容易出现这种问题。心理素质强大的劳动者不会因为职场上存在的各种不公就对个人的能力和所坚持的方向产生动摇，不会改变个人的行为准则和处事原则，能够对个人未来的职业发展规划始终充满信心，在这种良好的精神状态下，劳动者本人会找到更加优质的工作机会，无论再就业还是离职重新择业都是更具优势的。

#### （四）具备更加出色的职场应变能力

参加工作以后所面临的氛围和学校氛围完全不同。在工作中的同事关系和读书时期的学生关系有本质区别。工作中的同事关系基本上是以团队合作的利益为纽带，更主要的是双方处在同一个环境下所产生的某种工作上的联系。一旦其中一方离职或在工作中产生某种冲突，这种从表面上看比较稳定且良好的关系便会受到很大的考验，甚至导致关系的恶化。这就需要从业者具备出色的职场应变能力，特别是正确认识个人与集体之间的关系，懂得及时维护个人的利益，与他人保持在一个相对安全的范围内。心理素质良好的学生在就业择业的过程中主要表现出最积极的一面，这种以积极态度应对身边事物和他人关系的处事方式将个人与他人发生冲突的可能性降到了最低。同事之间能够形成非常良好的合作关系和信任关系，在工作中的各项配合更加默契，使个人在整个公司整个团队中的成长与发展有一个更加良好的环境。

## 第二节 消极心理与就业、创业

### 一、大学生常见的消极心理

大学生常见的就业消极心理有以下几种。

就业焦虑。部分大学生在面对就业压力时会出现焦虑情绪，担心自己无法找到理想的工作或适应工作环境。这种焦虑心理可能来自社会竞争激烈、就业形势不明朗等因素。就业焦虑在大学生的毕业季时出现是一种非常正常的现象，绝大多数大学生在就业的过程中都不同程度地面临就业焦虑的问题。但对于这种就业焦虑，不同学生的反应是不同的，对一个学生所产生的影响也是不同的。有些学生通过详细了解整体的就业形势和其他情况，了解了当下的就业市场，有了就业的方向并愿意为之努力，这种焦虑情绪会随着这种思想认知的转变逐渐减少。而有的学生却始终被这种焦虑情绪影响而无法走出来，也不关心整体的就业市场情况和自己在整个大学生涯中的学习与成长情况，而是一直对个人的未来感到焦虑，甚至随着毕业期的临近到了越来越严重的程度，每天甚至无法按时睡觉，这就是过度焦虑的表现。如果这种焦虑不能得到有效缓解，很可能进一步转化为巨大的心理障碍，甚至出现心理疾病。

自卑感。一些大学生可能因为自我认知不足或与其他同学的比较而产生自卑感，怀疑自己的能力和竞争力，从而对自己的就业前景产生消极的看法。自卑感主要源自学生对个人的不自信和对个人环境的不自信。这一方面和目前的高等教育形式有关。我国目前的高等教育仍然是理论知识传授为主，除极个别专业开展线上实践学习外，绝大多数学生所学习的仍然是理论知识，和义务教育阶段以及高中基本没有差别。而社会就业需要学生展现出实践性技能，要完成岗位对应的工作。所以相当一部分学生认为自己在大学校园里学的知识是无用的，这种知识无用论对学生的影响是非常深的，有相当一部分学生在毕业择业时都曾产生过这种想法。另一方面是对个人的不自信，这和学生接触的思想认知有关。一想到毕业之后参加工作，学生想到的都是坐在宽敞明亮的办公室里，成为西装革履的白领，甚至是公司高管，这种高端大气的办公情景是影视剧中常出现的，也是学生对毕业就业和个人工作所产生的最主观、最本质的认识。但在此同时，学生却认为个人当下并不具备出色的决策能力，不能成为一名电视剧中那样的杰出人员，所以会产生自卑。

逃避现实。个别大学生可能会出现逃避就业现实的心理，选择继续深造、考研、出国等方式来避免面对就业压力，这种心理会影响他们主动寻找就业机会和适应职场的能力。逃避现实同样是大学生在就业过程中表现出的另一个思想认知问题，也是一种非常典型的负面消极心理。学生之所以出现这种逃避现实的负面心理，很重要的一个原因是对个人就业的排斥与抵触。在面对较大的就业压力时，很多学生会感到非常苦恼，会对个人的未来和前途产生巨大的迷茫。有些学生面对这种迷茫便会选择逃避，暂时不去想这件事情，或因为社会就业压力巨大选择延迟毕业或考研。

刻板印象。一些大学生对就业市场存在过于刻板的印象，认为只有特定专业或学历背景才能找到好工作；或者过分追求高薪工作等不切实际的目标，导致对其他就业机会产生消极态度。这种刻板印象给学生带来的负面心理影响也要分两个方面：一方面是自视过高，一方面是自视过低。在一些比较知名的高校中，一些学生会认为在毕业后应当得到更好的工作机会和更丰厚的物质回报，所以在选择工作的过程中往往提出非常高的要求。而一些不知名的高校或一些职业技术学校的毕业生认为学校在教育方面没有很强的竞争力，所以在参加工作后不会对学校以及具体的工作岗位提出非常明确的高要求，甚至不敢提出自己的要求。这两种学生之所以犯这一错误，很大程度上都是因为自身的认知不够，学历只是一块敲门砖，并不能在真正意义上决定个人的未来职业生涯发展。学历低的人可以获得很优秀的资源和发展机会，学历高的人也有很多从最基层的岗位开始做起。所以，刻板印象是大学生在选择行业的过程中遇到的一个比较典型的问题。

就业迷茫。毕业后，一些大学生可能对自己的兴趣、能力和职业方向缺乏明确的认知，对未来的职业道路产生困惑和迷茫，从而产生消极的就业心态。这和学生的专业选择以及未来的职业生涯发展规划往往有非常密切的关系。如果学生选择的是某些冷门的行业和专业，那在毕业后的就业阶段很容易因为对未来的各种不确定性而产生迷茫。如果学生因为专业选择和就业方向的个人意见与家中的想法存在不一致，也很可能会因为个人与家庭之间的想法存在冲突而产生迷茫的情绪。

总而言之，大学生在就业过程中可能会出现的情绪有很多。这些负面情绪有不同的成因，也有不同的表现形式，但无一例外都会对大学生的就业择业情况产生阻碍的作用。

**二、常见消极心理对就业的影响**

（一）就业焦虑

就业焦虑对大学生的就业产生了广泛的影响。首先，就业焦虑会导致大学生在求职过程中出现种种问题。他们可能会感到自信心不足，表现紧张，甚至出现面试恐惧症，这很可能会影响到他们在招聘过程中的表现和评价结果。其次，就业焦虑还可能导致大学生对就业市场的认知存在偏差，使他们过度关注求职的困难和风险，而忽略了就业的机会和潜力。他们可能会对就业前景感到悲观，并对未来的职业发展感到不确定。这种消极的心态可能会影响他们的自我营销和积极寻找就业机会的能力。此外，就业焦虑还可能对大学生的心理健康产生负面影响。长期的就业焦虑可能导致情绪低落、焦虑、抑郁等心理问题。这些负面情绪可能会干扰他们的学习、社交和人际关系，进一步影响他们的就业能力和竞争力。此外，过度的就业焦虑还可能导致大学生出现工作倦怠和职业倦怠，影响工作的积极性和有效性。最后，就业焦虑还可能对大学生的职业选择产生影响。由于担心就业竞争和就业压力，一些大学生可能会优先考虑稳定和高收入的职业，而忽视自己的兴趣和激情。这样的职业选择可能使他们在工作中感到厌倦和失望，影响个人的职业发展和成就感。

总之，就业焦虑对大学生的就业产生了多方面的影响，包括招聘过程中的表现问题、心理健康问题和职业选择问题。为了帮助大学生缓解就业焦虑，需要社会各界的共同努力和关注。

（二）自卑感

自卑感对大学生的就业产生了多方面的影响。首先，自卑感会影响大学生在求职过程中的表现和自信心。自卑感可能导致大学生对自己的能力和价值产生怀疑，缺乏自信心，从而影响他们在面试或招聘活动中的表现。他们可能会感到紧张和不安，很难展示出自己的优势和才能，从而影响应聘的结果。其次，自卑感可能导致大学生犹豫不决或缺乏决断力。他们可能会怀疑自己是否适合某个岗位或行业，可能会对自己的能力和潜力过分怀疑。这种犹豫和缺乏决断力可能会使他们错失就业机会，甚至错过自我实现的机会。此外，自卑感还可能影响大学生的职业选择和发展。自卑感可能使他们过分注重别人的评价和期待，而忽略了自己的兴趣和潜力。他们可能会选择适应性较强的职业，而忽略了自己的独特优势和激情。这可能导致他们在工作中感到失望和厌倦，影响个人的职业发展和成就感。

总的来说，自卑感对大学生的就业产生了重要的影响，包括表现问题、职业选择问题和自我实现问题。为了帮助大学生克服自卑感，我们应该关注和引导他们的自我认知和自我价值观，鼓励他们发掘和发展自己的潜力，提升自信心和决断力。同时，社会和家庭也应提供支持和鼓励，为大学生提供平等的发展机会，让他们有信心和勇气面对就业市场的挑战。

（三）逃避现实

逃避现实的心理对大学生的就业产生了诸多不利影响。首先，逃避现实的心理会导致大学生面对求职困难时选择逃避而非积极面对。他们可能会回避面对挑战和困难，不愿努力寻找就业机会，或者逃避与其他人竞争。这种逃避现实的心理会使他们错失很多求职和职业发展的机会。其次，逃避现实的心理可能导致大学生缺乏职业规划和目标。他们可能会将现实困境看作不可克服的障碍，缺乏积极的职业发展规划。他们可能会迷失方向，随波逐流，没有清晰的目标和计划。这样会使他们无法在求职过程中表现出足够的自信和专业度，缺乏竞争力。此外，逃避现实的心理还可能导致大学生缺乏应对挫折和压力的能力。就业过程中常常伴随着各种挫折和压力，而逃避现实的心理会使他们无法正确应对这些困难。他们可能会对挫折产生恐惧和回避，进而影响他们的自我调整和继续努力的能力。

总之，逃避现实的心理对大学生的就业产生了负面影响，包括错失机会、缺乏规划和目标、缺乏应对能力等。为了帮助大学生克服逃避现实的心理，我们应该鼓励他们面对挑战和困难，树立正确的职业观念和价值观，提供适当的指导和支持。同时，大学校园和社会环境也应营造积极向上、勇于面对现实的氛围，让大学生能够勇敢面对并克服各种困难，实现积极健康的就业发展。

（四）刻板印象

刻板印象对大学生的就业产生了多方面的影响。首先，刻板印象可能导致就业歧视。一些用人单位可能根据某些刻板印象对求职者做出不公正的评价和决策。例如，他们可能根据性别、年龄、族裔等因素对求职者做出偏见性的判断，从而影响求职者的就业机会和发展前景。这种就业歧视不仅影响个体的就业权利和机会，也是社会公平和正义的障碍。其次，刻板印象可能影响大学生的自我认知和自信心。如果一个人被贴上负面的刻板印象，他们可能会在自我评价和自我认同上受到负面影响。他们可能会对自己的能力和价值产生怀疑，缺乏自信心，从而在求职过程中表现出不足和紧张。这可能会影响到他们的自我营销和积极寻找就业机会的能力。此外，刻板印象还可能影响大学生的职业发展和机会。如果一个群体被贴上负面的刻板印象，他们可能会面临更多的就业障碍和限制。用人单位可能更倾向于选择符合传统刻板印象的求职者，而忽略了其他有潜力和能力优秀的候选人。这可能导致大学生在求职过程中面临更大的竞争压力和机会不平等的情况。

总的来说，刻板印象对大学生的就业产生了多个方面的影响，包括就业歧视、自我认知和职业发展机会。为了减少刻板印象对大学生就业的负面影响，需要全社会共同努力，加强教育和宣传，促进人们的客观、开放和包容的心态，增强社会的公平和公正意识，并通过法律和制度保障，杜绝任何形式的歧视和偏见。同时，大学生自身也应加强自我认知和自信心培养，不让刻板印象对自己的就业选择和发展产生过度影响。

（五）就业迷茫

就业迷茫会对大学生的就业产生多方面的影响。首先，就业迷茫可能使大学生缺乏明确的职业目标和规划。他们可能对自己的兴趣和能力缺乏清楚的认知，不知道自己适合从事何种职业，也不确定未来的职业发展方向。这种迷茫可能使他们在求职过程中选择错误的行业或岗位，从而影响他们的就业机会和发展前景。其次，就业迷茫可能导致大学生感到困惑和无力应对。面对广泛的职业选择和就业市场的竞争，他们可能感到无所适从，不知道下一步该怎么做。他们可能会有迷失和无力应对的感觉，影响他们的自信心和决断力。这种困惑和无力感可能使他们在求职过程中表现出不足和紧张，影响他们的自我营销和竞争力。此外，就业迷茫可能导致大学生错失许多就业机会。他们可能对就业市场缺乏了解，不知道哪些职业有更好的发展前景，哪些行业有更多的就业机会。因此，他们可能会错失一些适合自己的就业机会，导致就业能力和竞争力的下降。最后，就业迷茫可能影响大学生的心理健康。长期的就业迷茫可能导致情绪低落、焦虑、抑郁等心理问题。这些负面情绪可能会干扰他们的学习、社交和人际关系，进一步影响他们的就业能力和竞争力。就业迷茫还可能使他们产生压力感和焦虑感，进而影响他们的自我调整和继续努力的能力。

总的来说，就业迷茫对大学生的就业产生了多个方面的影响，包括职业目标和规划的缺乏、困惑和无力感、错失就业机会以及心理健康问题。为了帮助大学生应对就业迷茫，需要社会各界提供支持和指导，为他们提供准确的职业信息和指导，帮助他们明确职业目标和发展规划。同时，大学生也应主动探索和学习，加强自我认知和职业规划，提升就业竞争力和适应性。

# 第五章 大学生心理健康教育与就业、创业教育的融合实施

大学生心理健康和就业创业教育的结合首先要在理论教学方面给予足够的关注和重视，同时也要在实践教学方面给予充分的关照，更重要的是深刻认识到心理健康教育是就业教育和创业教育的载体，以及开展就业创业教育是改进大学生心理健康教育工作的要求。

## 第一节 就业、创业教育是改进心理健康教育的要求

### 一、进一步丰富教育内容

就业意识和能力培养。教育可以帮助学生了解社会就业形势、就业需求和职业发展趋势，并提供相关的职业规划、择业技巧和求职指导。通过丰富的实践活动和职业培训，学生可以提高自己的就业竞争力和适应能力，增强就业意识和自信心。

创业创新意识的培养。教育可以培养学生的创新思维、创意表达和创业精神。通过创业教育，学生可以了解创业的基本知识和技能，学习创业案例和成功经验，培养自主创业的意识，并提供一定的创业支持和资源。

心理健康教育。教育可以关注学生的心理健康，提供心理咨询、疏导和心理调适的培训。通过心理健康教育，学生可以学习应对学业压力、情绪管理、人际关系处理等技巧，提高自身的心理抗压能力和适应能力。

职业道德和社会责任教育。教育可以培养学生的职业道德和社会责任感。通过讲解职业道德准则和道德规范，引导学生遵循职业伦理和社会公德，树立正确的职业道德观和社会责任意识。

社会实践和实习机会。教育可以提供学生参加社会实践和实习的机会，让学生

从实践中学习与职业相关的知识和技能，增长实践经验，了解实际职业环境，培养职业素养和实践能力。

通过将就业创业与心理健康教育有机结合，教育可以更全面地关注学生成长发展的各个方面，提供实用的知识和技能，促进学生的职业发展、心理健康和社会适应能力的提升。同时，也有助于培养学生的社会主义核心价值观，传承和弘扬社会主义精神文明。

### 二、符合学生的客观要求

将心理健康和就业创业结合起来是贴近学生需求的重要举措。在当今社会，学生面临着来自学业和求职双重压力，他们需要得到全面的帮助和指导。因此，将心理健康教育与就业创业教育结合起来，能够更好地满足学生的发展需求。

首先，心理健康教育的融入可以帮助学生更好地应对学习、就业以及各种挑战和压力。学生在学业和就业过程中常常面临着情绪波动、压力积累，因此提供心理咨询、疏导和调适的培训将帮助他们更好地管理情绪，提高心理抗压能力。这对于学生的身心健康以及顺利完成学业和适应职场都非常重要。

其次，将创业创新意识的培养与心理健康教育结合，能够培养学生的积极向上的心态和创业精神。通过创业教育，学生可以学习到创新思维和创业技能，在实践中提升自己的创意表达能力。与心理健康教育相结合，可以帮助学生培养自信心、坚毅精神和逆境应对能力，为将来的创业道路打下坚实的心理基础。

此外，就业与社会责任教育的结合，也是对学生进行综合素质培养的重要途径。通过教育引导，学生能够明确职业道德准则，树立正确的职业道德观和社会责任意识。这将有助于他们在就业和创业过程中积极践行社会主义核心价值观，传承和弘扬社会主义精神文明。

最后，通过提供社会实践和实习机会，使学生适应实际职业环境，可以帮助他们更好地了解职业领域的需求和挑战，增长实践经验，提升职业素养和实践能力。这也有助于学生更好地规划职业发展方向，为未来的就业或者创业打下坚实的基础。

综上所述，将心理健康教育与就业创业结合起来，不仅能够满足学生的发展需求，提高他们的综合素质，促进职业发展、心理健康和社会适应能力的提升，同时也有助于培养社会主义核心价值观，传承和弘扬社会主义精神文明。这对于推动学生全面发展和实现个人价值具有重要意义。

### 三、国家教育部门的要求

将心理健康教育与就业创业结合起来，是国家对教育的要求和指导方针之一。根据国家有关文件和政策，教育应该关注学生的全面发展，既要培养学生的专业知识和技能，又要关注学生的心理健康和职业发展。同时，教育也应当遵循社会主义核心价值观，传承和弘扬社会主义精神文明。

心理健康教育与就业创业的结合，符合社会发展和学生发展的需要。学生在面临学业和就业压力的同时，也面临着心理困扰和焦虑。为了更好地帮助学生应对挑战，提高心理抗压能力，教育应当提供心理咨询、疏导和调适的培训，关注学生的心理健康。同时，教育也应当培养学生的创业创新意识，提高他们的就业竞争力和适应能力。通过创业教育和实践机会的提供，学生可以了解创业的基本知识和技能，培养自主创业的意识，并提供相应的创业支持和资源。

这样的教育结合有助于学生的发展，更好地满足社会需求和个人发展的要求。同时，也有助于培养社会主义核心价值观，传承和弘扬社会主义精神文明。在这样的教育中，应注重培养学生的职业道德和社会责任感，引导他们遵循职业伦理和道德规范，树立正确的职业道德观和社会责任意识。

综上所述，将心理健康教育与就业创业结合起来，是贯彻国家教育政策和要求的重要举措。通过这样的结合，教育可以更好地关注学生成长发展的各个方面，提供实用的知识和技能，促进学生的职业发展、心理健康和社会适应能力的提升。同时，也有助于培养社会主义核心价值观，传承和弘扬社会主义精神文明。

## 第二节　大学生心理健康教育与就业、创业教育融合实施策略

### 一、理论教学方面

#### （一）把心理健康教育和就业理论教育结合

将心理健康教育和就业理论教育结合起来有助于培养学生全面发展和实现个人价值。下面是一些方法和措施，可以帮助实现这一目标。

提供综合的职业规划指导。心理健康教育和就业理论教育可以结合，提供全面的职业规划指导。它包括帮助学生了解自己的兴趣、能力和价值观，对各种职业进行研究和评估，并为他们提供就业市场的信息。

强调自我认知和自我探索。心理健康教育和就业理论教育应帮助学生更好地了解自己，包括他们的个性特点、优势和目标。通过探索自己的内在需求和价值观，学生可以更好地选择适合自己的职业。

发展积极心态和应对能力。心理健康教育和就业理论教育应帮助学生建立积极的心态，并提供应对压力和挫折的技巧和策略。这对学生在就业过程中面对困难时保持乐观和坚韧精神至关重要。

强化沟通和社交能力。就业需要与他人进行有效的沟通和建立良好的人际关系。心理健康教育可以培养学生的社交和沟通能力，使其能够更好地适应职场环境。

建立职业技能培训项目。心理健康教育和就业理论教育可以结合，为学生提供有关职业技能的培训项目。这些培训项目可以包括实践经验、实习机会或与业界合作的项目，帮助学生在获得相关知识的同时增加实际工作经验。

组织心理健康咨询和职业指导服务。学校可以提供心理健康咨询和职业指导服务，帮助学生解决心理健康问题同时提供就业指导。这些服务可以帮助学生更好地管理情绪、建立自信，并提供有关就业市场动态和实用技能的信息。

通过将心理健康教育和就业理论教育结合起来，我们可以帮助学生在个人成长和就业方面取得更好的平衡，并更好地适应和融入社会，在培养学生全面素质的同时，实现个人价值和社会发展相结合。

（二）把心理健康教育和创业教育结合起来

将心理健康教育和创业教育结合起来有助于培养学生全面发展和实现个人价值。下面是一些方法和措施，可以帮助实现这一目标。

强调创业意识与创新能力。心理健康教育和创业教育应当培养学生的创业意识和创新能力。通过引导学生发展积极向上的创业思维和勇于创新的精神，使其可以更加敏锐地捕捉市场机遇和创造新的价值。

建立创业导师制度。学校可以引入创业导师制度，为学生提供专业的指导和支持。导师可以帮助学生发掘自身创业潜力，指导他们制订切实可行的创业计划，并分享实际经验和行业知识。

提供创业实践机会。为了促进学生的实践能力和创业经验，学校可以组织创业实践项目或提供创业竞赛机会。通过参与实际创业项目，学生可以提升自己的创业技能、团队合作和问题解决能力。

强化心理韧性和逆境管理能力。创业过程中常常面临挫折和困难，心理健康教育可以帮助学生建立良好的心理韧性和应对能力，提高他们在创业过程中应对压力与挑战的能力。

推动创业与社会责任的结合。创业不仅仅是为了追求个人利益，也应当承担社会责任。心理健康教育和创业教育可以使学生意识到创业与社会责任需要相结合，鼓励他们开展社会公益活动，关注可持续发展和社会福祉。

提供创业资源和支持。学校可以为学生提供创业资源和支持，如创业孵化器、资金支持、市场调研和商业培训等。通过提供这些创业支持，学生可以更好地实现创业梦想，将创业理念转化为现实。

通过将心理健康教育和创业教育结合起来，我们可以帮助学生培养创新精神和实践能力，使其在创业过程中更加自信和坚韧。同时，也要注重他们的心理健康，帮助他们应对创业所带来的压力和困难，最终实现个人价值和社会发展相结合。

（三）提升心理健康与就业、创业教师专业素质

提高高校心理健康和就业创业教师的素质是一项重要的任务，需要综合考虑教师的专业知识、心理素质、教学技能以及关爱和服务学生的能力。以下是一些提高高校心理健康和就业创业教师的素质的建议。

专业培训。高校可以组织相关的培训课程，包括心理健康知识、心理辅导技巧、心理疾病防治等方面的内容，培养教师的专业素养。同时，可以邀请心理学专家、职业咨询师等举办讲座和专题研讨，引导教师不断深化对心理健康和就业创业的理解。

建设支持体系。高校可以设立心理健康与就业创业教师的支持体系，为教师提供专业指导和咨询服务，帮助他们处理工作中的困难和挑战。这个体系可以包括心理健康与就业创业教师团队、心理健康咨询中心、职业发展指导中心等，为教师提供专业资源和支持。

丰富实践经验。高校可以加强教师的实践能力培养，鼓励教师参与相关实践项目和社会工作，提升教师的就业创业指导和辅导能力。同时，建立校企合作机制，让教师与行业专家共同开展实践活动，提高教师的实践经验和行业敏感度。

学习共享平台。高校可以建立教师学习交流平台，鼓励教师分享心得体会和教学经验，共同研究和解决工作中的问题。这样的学习共享平台可以是线上的论坛、

微信群，也可以是线下的教研活动、工作坊等形式。构建高校教师学习共享平台是促进教师专业发展、提高教育教学质量的重要举措。以下是构建高校教师学习共享平台的几个关键步骤：第一，设定明确的目标和意义，建设高校教师学习共享平台的目标是提升教师教学水平，促进教师专业发展，进而提高教育质量，平台的意义在于提供一个交流和共享的空间，让教师们互相学习和借鉴优秀的教学经验，推动教师教学水平的整体提升；第二，确定平台的功能和特点，根据高校教师的需求，平台应该提供一系列的功能，包括资源共享、课程设计、教学研究、教师培训等，平台应该具备易于使用和互动交流的特点，方便教师们分享自己的教学经验和资源，进行互动讨论和合作；第三，打造平台的技术基础，构建高校教师学习共享平台需要依托先进的技术手段，如云计算、大数据分析、人工智能等，这些技术可以为教师提供个性化的推荐学习资源，帮助教师更快地获取他们感兴趣的信息，提高学习效率；第四，制定规范管理和运行机制，为了保证平台的稳定运行和有效管理，需要制定相关的规范和机制，包括用户管理、资源审核、版权保护、互动交流等方面的规定，以及平台运营和维护的机制；第五，加强宣传推广和培训工作，为了让更多的教师了解和使用平台，需要进行宣传推广工作，包括开展培训和研讨会，向教师介绍平台的功能和特点，引导他们主动参与和使用平台；第六，不断优化和更新平台，教师学习共享平台是一个动态的系统，需要不断进行优化和更新，根据教师的反馈和需求，及时改进平台的功能和界面，增加新的学习资源，推出新的教师培训项目，确保平台的持续有效性。

教师评价与激励机制。高校应建立科学合理的教师评价和激励机制，关注教师的心理健康工作和就业创业教学情况，并以此为依据，对教师进行合理评价和激励。这样可以激发教师的积极性，推动他们不断提升自身素质。第一，建立导师制度，由资深教育工作者担任导师，为新教师提供指导和帮助，推动教师之间的交流与合作，提升整体教育水平；第二，确保教师权益，评价与激励机制要尊重教师的权益，避免过度强调对教师的压力和惩罚，教师应有权利提出异议、申诉，并得到及时处理和回应；第三，确保公正公平原则，评价过程要公正、公平，应遵循客观评价和差异化评价原则，充分照顾到教师的不同特点和背景，同时，要建立监督机制，确保评价结果的准确性和公正性；第四，建立多元、多维度的评价体系，包括学生评价、同行评价、上级评价等，全面了解教师的教学能力、教学质量和教学效果，评价指标要科学合理，包括教学水平、教学方法、学生反馈等方面。

总之，提高高校心理健康和就业创业教师的素质需要考虑各方面的因素。只有建立完善的培训体系、支持体系、实践平台以及评价激励机制，才能够有效促进教师的专业素养和服务能力提升，更好地满足学生的需求。

**二、实践教学方面**

（一）心理健康与就业教育指导

1. 积极看待毕业和就业

个人所学专业是每个人的选择和兴趣所在，每个人都应该正确看待和评估自己所学专业的意义和价值。无论所学专业是什么，都应该以积极、乐观的态度面对即将来临的毕业季。

首先，无论是哪个专业，都有其独特的价值和作用。不同专业的出路各有特色，每个专业都有其在社会发展中的重要性和贡献。人才需求是多元化、多样化的，每个专业都有其在就业市场上的机会和前景。所以，无论所学专业是理工类、文科类还是艺术类，都应该尽力发展自己的专业技能，为未来的就业做好准备。

其次，毕业季是大学生的人生的重要阶段，也是对自己学业成果的总结和展示。无论所学专业是否与自己的兴趣完全匹配，都应该注重自我提升和发展。通过积极参加实习、项目实践等活动，可以增加实践经验和拓宽专业视野，提高自己的综合素养和竞争力。

最后，我们要树立正确的人生观和价值观。专业只是我们的人生之一，虽然重要，但并非决定一切的因素。无论我们是否对所学专业满意，都应该通过努力和不断学习，持续发展和进步。同时，我们也应该关注社会的需要、国家的发展方向，发挥自己的专业优势，为社会、国家的发展做出贡献。

总之，个人所学专业和即将来临的毕业季都是一个人成长的重要阶段。我们应该正确看待自己所学专业的意义和价值，积极应对毕业季的挑战，不断提升自己的专业素养和综合能力，做好自己的角色和责任。同时，我们也要树立正确的人生观和价值观，不仅应关注个人的发展，更应关注社会的需要和国家的发展，为之努力奋斗，为社会、国家的繁荣和进步贡献自己的力量。

2. 就业沟通自信

在与公司人力部门沟通时，要保持自信和自尊，既不自卑也不自负。

充分准备。在与公司人力部门沟通之前，要充分准备，对自己的能力、经验和贡献有清楚的了解。了解自己在公司中的角色和职责，明确自己的目标和需求。有条理地整理个人信息和相关资料，以便和人力部门进行有效的沟通。

表现出专业素养。在沟通过程中，要表现出专业素养，注重沟通方式和礼貌。以清晰、明确的语言表达自己的想法和要求，注意语气和表情的适度，避免过分自信或谦卑。同时，要尊重对方的权威和专业知识，在沟通中保持良好的合作态度。

强调个人价值和贡献。在沟通中，要强调自己的价值和贡献。以自己的实际工作成果和能力为依据，讲清楚自己对公司的重要性和必要性。例如，可以提到自己的专业知识和技能，以及在团队中的协作和贡献。

接受建议和反馈。在与人力部门沟通的过程中，可能会得到一些建议和反馈。要保持开放的心态，接受来自他人的意见和建议。这些反馈可能帮助你更好地理解公司的要求和期望，并进一步提升自己的能力和价值。

寻求合作和共赢。在与人力部门沟通时，要以合作和共赢为目标。尽量找到公司和个人的利益的平衡点，提出可以满足双方需求的方案。通过积极的沟通和协商，寻求双赢的合作方式，让双方都能获得满意的结果。

总之，在与公司人力部门沟通时，保持自信和自尊是非常重要的。通过充分准备、表现专业素养、强调个人价值和贡献、寻求合作和共赢，我们可以与人力部门建立起良好的合作关系，实现个人和公司的共同发展。

3. 敢于提出个人要求

在提出个人在工作方面的要求和薪资待遇要求时，我们应该秉持以下原则和做法。

首先，我们要根据自己的个人能力和实际情况，进行合理的评估和定位。要清楚地认识自己的专业能力和技能水平，了解所处行业的市场行情和相应的薪资水平。在提出要求和期望时，要坚持客观公正的原则，不夸大自己的能力和价值。

其次，我们要注重与雇主的沟通和协商。在就业过程中，与雇主进行充分的沟通和交流是很重要的。可以就工作内容、职位职责、工作环境等方面与雇主进行有效的沟通，明确双方的期望和需求，寻求双赢的合作方式。

此外，我们要综合考虑自身兴趣、发展空间和行业前景等因素。除了薪资待遇外，还应综合考虑工作内容的挑战性、晋升机会以及行业的发展前景等因素。在确定要求和期望时，要做到理性、全面地考虑，确保自己的选择符合自身的职业发展规划和长远利益。

最后，我们要坚持诚信和合法原则。在提出个人要求和薪资待遇要求时，要遵守相关法律法规和职业道德规范，不违法乱纪、不诋毁他人，确保自己的行为合法、合规。同时，要保持诚信，不虚报薪资要求或故意误导雇主，建立起长期、稳定的职业信誉和良好的人际关系。

总之，个人提出在工作方面的要求和薪资待遇要求是正当的权益行使，但我们要基于实际情况和职业道德原则，秉持诚信、合法的原则，与雇主进行有效的沟通和协商，综合考虑自身条件和行业实际，做出合理的决策。通过合理的努力和不断地学习提升，我们可以更好地实现个人的职业发展目标，为社会做出更大的贡献。

4.勇敢应对职场不公

在面对职场中的不公平和加班文化时，我们应该秉持以下原则和做法。

首先，要树立正确的职场观念和价值观。职场是一个多元化的社会环境，不同人有不同的背景、能力和责任，所以不可避免地会存在不公平现象。我们应该理解并接受这个事实，并努力以积极的态度应对。同时，要坚守职业道德原则，不以不正当手段争取利益，而是通过诚信、努力和综合能力提升来争取公平待遇。

其次，要注重自我价值的发掘和提升。在职场中，个人的价值取决于自身的能力和表现。我们应该积极学习和提升自己的专业技能，不断适应职场需求的变化，增加自己的综合竞争力。通过高质量的工作表现和积极的工作态度，争取更好的机会和待遇。

同时，要合理规划和管理自己的工作和生活。加班文化可能是由于工作量大、任务紧迫或者管理不善等原因导致的。我们应该合理安排工作时间、优化工作流程，并与团队成员进行有效的协调和沟通，以减少不必要的加班。此外，我们也要注重保持自身的身心健康，合理安排工作和休息时间，确保自己在职场中的持续高效发展。

此外，要注重对加班和不公平的合理维权。如果遇到过度加班或不公平待遇的情况，我们应该及时与上级领导或人力资源部门进行沟通和解决。我们可以提出自己的观点和诉求，要求合理的工作安排和公平的待遇。同时，我们可以积极参与职工代表组织或工会，通过集体行动来维护自身和同事的权益。

总之，面对职场中的不公平和加班文化，我们应该树立正确的职场观念和价值观，注重自己的价值提升和综合能力的提高，合理规划和管理工作和生活，同时合理维权。通过积极的努力，我们可以更好地应对职场中的挑战和困难，实现个人的职业发展目标，为社会做出更大的贡献。

5.具备科学的利益观

在职场中，我们应该坚持以公司的整体利益为重，注重团队合作和集体利益的实现。个人利益和公司利益并不是对立的关系，而是相互依存和相互促进的关系。在维护个人利益时，我们应该注意以下几点。

首先，我们要树立全局意识和团队合作意识。我们应该认识到一个人的能力和贡献是有限的，只有通过与团队合作，发挥团队的力量，才能取得更好的工作成果。在维护个人利益的同时，我们应该考虑整个团队和公司的利益，不损害他人的利益和公司的声誉。

其次，我们要合理争取自己的权益。在维护个人利益时，我们可以适当地向上级领导或人力资源部门提出自己的要求和诉求。可以通过有效的沟通和协商，解决个人利益与公司利益之间的矛盾，达到双赢的结果。在争取个人利益的同时，我们也要考虑公司的实际情况和资源分配，以保持公平和合理。

同时，我们要尊重公司的规章制度和职业道德。在维护个人利益时，我们不能采取不正当手段或出现违反公司规定和职业道德的行为。我们应该遵守公司的规章制度，遵循职业道德准则，以诚信和合法的方式维护个人利益。

最后，我们应该注重个人能力的提升和自我价值的实现。一个有能力的员工往往能够获得更好的待遇和发展机会。我们应该持续学习和提升自己的专业能力，适应公司的发展需求，为公司做出更多的贡献。通过不断提升自己的能力和价值，我们可以更好地维护个人利益，实现个人职业发展的目标。

总之，维护个人利益是每个员工的合法权益，但在维护个人利益时，我们要兼顾公司和团队的利益，树立全局意识和团队合作意识。在争取个人利益时，要遵守公司规章制度和职业道德准则，以诚信和合法的方式实现个人利益和自我价值的提升。通过合理的努力和不断的学习，我们可以更好地实现个人利益和公司利益的统一，为公司的发展和进步做出积极贡献。

**6. 理性看待跳槽**

跳槽是一种常见的现象。在做出这个决定时，需要充分考虑以下几个方面。

评估创业经历带来的收获。创业失败并不意味着完全没有价值。在跳槽之前，要仔细评估自己在创业过程中所学到的技能、经验和人际关系等方面的收获，认识这些能力对于未来的职业发展是否具有积极意义。

了解自身的兴趣和优势。创业失败后，重新审视自己的兴趣爱好、专业背景和技能，寻找自己擅长的领域或行业。这有助于更好地选择适合自己的跳槽方向，并在新的工作中发挥个人的优势。

寻求新机会和发展空间。在选择跳槽时，要找到具有良好发展前景和机会的行业和职位。考虑职业晋升的空间、薪资福利和工作环境等因素，确保自己能够在新的工作中实现个人和职业的成长。

与他人分享创业经历。在求职过程中，可以将自己的创业经历作为一个重要的卖点，向潜在雇主展示自己的创新能力、执行力和抗压能力等。同时，也可以通过与他人分享自己的创业经历，吸取教训并获得他人的支持和建议。

在选择跳槽时，我们都应坚持社会主义核心价值观，遵循法律法规，尊重他人的权益和利益。同样，对于选择新工作，也应遵循诚实守信、公平竞争的原则，以及关心他人、积极进取的精神。无论是创业还是跳槽，我们都要以个人成长和社会进步为目标，为实现中国梦和民族复兴贡献自己的力量。

**7. 面对长时间失业不丧失信心**

面对较长的失业期时，保持乐观是至关重要的。以下是一些建议。

保持积极的心态。面对失业期，很容易陷入情绪低落和自卑的状态。但是要相信自己的能力和潜力，坚持积极的心态。失业并不代表个人价值的缺失，只是暂时的困境。

充实自己的知识和技能。在失业期间，可以利用时间充实自己的知识和技能。通过参加培训课程、自学或志愿者工作，提升自己的竞争力，并为未来的职业发展做好准备。

积极寻找求职机会。失业期间要积极主动地寻找求职机会，可以通过网络招聘平台、社交媒体、人脉关系等途径，广泛了解招聘信息，并投递个人简历。同时，也可以主动联系相关企业或人力资源中介机构，了解相关职位的最新动态。

寻求支持和帮助。在失业期间可以寻求家人、朋友和专业机构的支持和帮助。他们可能能够提供情感上的支持、职业咨询或推荐一些求职资源。

无论在哪种情况下，我们都应该保持乐观、积极地面对困难。在寻找新的工作机会时，也需要遵循职业道德和法律法规，尊重他人的利益和权利。相信自己的努力和坚持，一定能够找到适合自己的工作机会，迎来新的职业发展。

（二）心理健康与创业教育指导

1. 理性选择创业方向

在选择创业方向时，保持理智非常重要。以下是一些建议，帮助大学生做出更理性的决策。

了解市场需求。在选择创业方向之前，先对市场需求进行深入研究。了解哪些行业或市场有较大的需求，哪些领域具有较高的增长潜力，这样才能够选择适合自己的创业方向。同时，通过调查研究、数据分析等方法，收集尽可能多的市场和行业信息，以便更准确地评估商机和风险。

发掘个人特长。在选择创业方向时，考虑自身的专业知识、技能和兴趣。发掘自己的个人特长，并将其与市场需求相匹配，可以更好地发挥自己的优势，增加创业成功的可能性。

风险评估。创业伴随着风险，因此在做出决策之前，进行全面的风险评估是必要的。评估行业竞争程度、市场前景、资金需求、法律法规等方面的风险，并寻找解决方案来降低风险。

资源和支持。在选择创业方向时，需要考虑自己的资源和支持，包括财务资源、人力资源、技术支持、市场渠道等。确保有足够的资源和支持来支撑自己的创业计划，这将增加创业成功的机会。

目标和价值观。在选择创业方向时，要考虑自己的目标和价值观。创业不仅仅是为了追求利润，还应考虑如何为社会创造价值和福祉。因此，选择一个符合自己价值观和社会责任的创业方向是很重要的。

总之，创业是一个重要的决策，需要保持理智和全面的思考。通过深入调研市场、发掘个人特长、评估风险、考虑资源和支持以及思考目标和价值观，可以更好地选择适合自己的创业方向，并增加创业成功的机会。

2.在筹措创业资金的过程中有一个初步预期

在筹措创业资金的过程中，初步预期非常重要。以下是一些建议，有助于初步预期。

确定创业资金需求。确定创业所需的初始资金量，包括起始资本、日常运营资金、市场推广费用等。通过分析和评估，确定一个相对准确的金额，以便更好地筹措资金。

制定详细的财务计划。制订一份详细的财务计划，包括预计的收入、支出、现金流等。将计划中的各项指标进行合理的估算和预期，以便判断创业项目的可行性和盈利能力。

寻找资金来源。根据创业资金的预期需求，寻找合适的资金来源。它包括自筹资金、银行贷款、股权融资、众筹等方式。研究各种融资方式的优劣势，选择最适合的方式进行资金筹措。

评估风险和回报。在筹措资金时，要评估潜在的风险和回报。了解不同融资方式的风险因素、利率、还款期限等特点，以便做出更明智的选择。同时，也要考虑与投资者的合作方式和利益分配情况，确保能够满足双方的需求。

与专业人士咨询。在筹措资金过程中，与专业人士咨询非常重要。可以寻求财务顾问、银行经理、风险投资人等的意见和建议，以获得更准确的预期和专业的指导。

总之，在筹措创业资金的过程中，初步预期是非常必要的。通过确定资金需求、制订详细的财务计划、寻找合适的资金来源、评估风险和回报以及与专业人士咨询，可以更好地进行初步预期，并有助于成功筹措所需的创业资金。

3.出色的判断能力

在创业中，个人的独立判断对于取得成功至关重要。创业过程中常常会面临各种挑战和困难，需要创业者具备独立思考和决策的能力。

首先，个人的独立判断能帮助创业者更好地评估风险和机会。创业是一项高风险的事业，需要创业者辨别和把握市场机会，并决策是否值得承担相应的风险。如果过度依赖他人的意见和建议，很可能会导致盲目跟风或错失机会。个人的独立判断能够让创业者更客观地审视情况，准确评估潜在的收益和风险，做出理性决策。

其次，个人的独立判断能够提高对自身能力和优势的认知。虽然创业过程中会遇到很多困难，但个人的独立判断能够帮助创业者更好地发现自身的优势和特长，并在创业中充分发挥。独立思考和决策能够让创业者更好地理解自己的目标和价值观，找到适合自己的创业路径，避免在追逐他人成功的同时丧失自我。

此外，个人的独立判断也有助于减少他人的影响和干扰。创业过程中会遇到各种声音和建议，有些是有益的，而有些则可能会偏离创业者的初衷和理念。个人的独立判断能够让创业者更好地过滤信息，取舍有利于自身发展的建议，减少不必要的干扰，保持清晰的思维和执行力。

然而，独立判断并不意味着完全排斥他人的意见和建议。在创业过程中，与他人进行沟通和合作是非常重要的。创业者应该保持开放的心态，积极倾听不同的意见，吸收有益的建议，同时保持独立思考的能力，将各方面的意见和建议与自己的判断结合起来进行决策。

总之，个人的独立判断在创业中具有重要作用。它能够帮助创业者更准确地评估风险和机会，认知自身的能力和优势，减少他人的干扰，同时保持与他人的沟通与合作。创业者应该注重培养独立思考和决策的能力，以此为基础推动创业事业不断发展。

4.面对各种创业局势有主见

在面对复杂的创业市场、创业教育市场和品牌加盟市场时，个人的独立判断是至关重要的。创业者需要独立思考并评估市场的风险和机会。对于创业市场来说，只有通过对市场的独立分析和判断，创业者才能准确地判断市场需求、竞争态势和发展趋势，从而制定正确的经营策略。

在创业教育市场中，个人的独立判断能够帮助创业者辨别和选择适合自己的创业教育项目。创业教育市场上存在着各种各样的创业培训课程和项目，创业者需要通过独立思考和评估，了解自己的需求和目标，并选择与之匹配的创业教育项目，从而提高创业的成功率。

对于品牌加盟市场来说，个人的独立判断能力也是十分重要的。在选择加盟品牌时，创业者需要对品牌的价值观、经营模式、市场前景等进行独立的分析和判断。只有通过充分的独立思考，创业者才能选择到与自己创业理念相契合、有潜力的品牌，从而为创业事业的成功奠定坚实的基础。

然而，在拥有个人主见的同时，我们也要注重与他人的合作与沟通。创业市场、创业教育市场和品牌加盟市场都是一个相对复杂的体系，创业者需要通过与他人合作和交流，获取更多的信息和资源。与他人的合作可以帮助我们共同探索市场的机会和挑战，共同解决问题，实现互利共赢。在个人主见的基础上，我们应该保持开放的心态，积极倾听他人的意见和建议，吸收有益的观点和经验，并加以独立思考和判断，最终形成自己独特的创业策略和方案。

因此，在面对复杂的创业市场、创业教育市场和品牌加盟市场时，个人的独立判断必不可少。它使创业者能够更准确地评估市场风险和机会，选择适合自己的创业路径，并保持与他人的合作与沟通。创业者需要培养独立思考和决策的能力，并通过与他人的交流，不断完善和提高自己的创业智慧和能力。

5.落实创业计划的过程中戒骄戒躁

在落实创业计划的过程中，戒骄戒躁非常重要。以下是一些建议，可以帮助创业者保持冷静和谨慎。

持续学习和改进。创业是一个不断学习和成长的过程。我们即使在创业初期取得了一定的成功，也要保持谦虚和渴望进步的态度。持续学习相关行业知识、管理技能、市场动态等，及时调整和改进创业计划，以保持竞争力。

坚持执行和追求卓越。创业过程中，要保持执行力和追求卓越的态度。将创业计划转化为具体的行动，积极主动地推动事情的发展。同时，要关注细节，追求高品质的产品和服务，不断提升自己和团队的综合能力。

审时度势和把握机遇。在创业过程中，要及时审时度势，抓住机遇。密切关注市场和行业变化，灵活调整策略和战略，以适应市场需求和竞争环境的变化。同时，要善于发现和利用新兴机遇，不断创新和突破，为企业的发展寻找更多的机会。

建立良好的团队和合作关系。创业过程中，要注重建立良好的团队和合作关系。与合适的合作伙伴合作，形成合力，共同推动企业的发展。同时，要建立积极向上的团队文化，促进团队的凝聚力和创造力，共同应对各种挑战。

稳定情绪和保持积极心态。创业过程中难免会遇到各种困难和挫折。要学会稳定情绪，保持积极的心态。对于挑战，要勇敢面对和解决，不因暂时的困难而气馁。同时，也要善于从失败中吸取教训，不断调整和改进，坚定信心，坚持追求自己的目标。

总之，在落实创业计划的过程中，戒骄戒躁是非常重要的，要做到持续学习和改进、坚持执行和追求卓越、审时度势和把握机遇、建立良好的团队和合作关系、稳定情绪和保持积极心态。

6. 面对困难不退缩畏惧

在创业过程中，面对困难和挑战是不可避免的。然而，作为一名创业者，应该时刻保持坚定的信心和勇气，不退缩、不畏惧。以下是一些建议，帮助创业者应对创业中的困难。

正确认识困难。我们要正确认识困难。困难是创业过程中的常态，它们是我们成长和进步的机遇。要把困难当作挑战，积极面对，寻找解决办法，不断突破自己。

借鉴他人经验。与其他创业者和师长进行交流和学习，借鉴他们的经验和教训。他们的经验可以帮助我们更好地应对困难，避免重复犯错，提高创业成功的概率。

注重团队合作。在创业过程中，建立和发展一个强大的团队是非常重要的。团队合作可以共同面对困难和挑战，并集思广益，共同找到解决问题的办法。通过团队合作，我们可以共同克服困难，实现创业目标。

保持积极心态。面对困难时，保持积极的心态非常重要。要相信自己的能力和潜力，相信自己可以找到解决问题的办法。同时，要培养一种积极向上的态度，坚信困难只是暂时的，通过努力和智慧，我们一定能够克服困难，取得成功。

灵活调整策略。在创业过程中，时刻关注市场和行业的变化，并灵活调整自己的策略。当困难出现时，要勇于调整和改进，寻找新的机遇和突破口。只有保持灵活性和适应性，才能在竞争激烈的市场环境中立于不败之地。

总之，在面对创业的困难时，我们要坚定信心，保持勇气，不退缩、不畏惧。通过正确认识困难、借鉴他人经验、注重团队合作、保持积极心态和灵活调整策略，我们可以更好地应对困难，克服挑战，实现创业的成功。

7. 根据创业的形势变化灵活进退

在创业过程中，根据形势的变化灵活进退是非常重要的。以下是一些建议，帮助创业者灵活应对创业形势的变化。

及时收集信息。时刻关注市场和行业的变化，及时收集和分析相关信息。通过市场调查、行业报告、竞争对手分析等方式，了解市场需求、竞争格局、技术趋势等方面的变化，以便更好地应对形势的变化。

灵活调整策略。根据收集到的信息，灵活调整自己的策略。在面临市场竞争加剧、需求变化等情况时，及时调整产品定位、市场定位、经营模式等方面的策略。只有及时调整和适应市场，才能保持竞争力和生存力。

把握机遇。在创业过程中，形势的变化可能会带来新的机遇。要敏锐地发现和把握这些机遇，及时调整自己的创业方向和战略，以便更好地利用机遇实现自己的目标。

警惕风险。形势的变化往往伴随着风险和挑战。要警惕可能出现的风险，并及时采取措施来应对和降低风险。它可能包括改进现有产品、拓展新的市场、寻找新的合作伙伴等方式。

与行业专家和同行交流。与行业专家和同行进行交流和合作，共同研究和应对形势的变化。通过分享经验和思路，共同分析和解决问题，提高自己的应变能力和竞争力。

总之，在创业过程中，根据形势的变化灵活进退是非常重要的。通过及时收集信息、灵活调整策略、把握机遇、警惕风险以及与行业专家和同行交流，可以更好地应对形势的变化，增加创业成功的机会。

8. 以良好心态接受失败结果

在创业过程中，失败是难以避免的一部分。因此，如何以良好的心态接受创业失败的结果是非常重要的。以下是一些建议。

接受现实，并勇于面对。创业失败后，不要否认或逃避责任。认识到失败是创业旅程中的一部分是很关键的。

从失败中学习。将失败视为一个宝贵的学习经验，审视自己的决策、策略和执行等方面的问题。找出失败的原因，吸取教训，并在日后的创业尝试中应用这些经验。

寻找支持和帮助。与他人分享自己的失败经历、感受和教训。与其他创业者、行业专家或创业团队建立联系，寻求他们的建议、指导和支持。

拥抱变化和机遇。创业失败后，可能需要重新评估自己的目标和计划。要敢于改变，寻找新的机遇和可能性。这可能需要调整自己的策略其至是转型。

培养积极正向的心态。保持积极乐观的心态，相信自己的能力和潜力。将失败视为成功的一部分，并相信下一次的尝试将更加成功。

坚持不懈。继续努力，不要放弃。创业旅程是充满挑战和困难的，但只有坚持下去，才有可能取得成功。

在接受创业失败的结果时，我们要遵循社会主义核心价值观，强调团结、友爱和共同进步的精神。这也意味着要遵守国家和社会的法律法规，并尊重他人的权利和利益。创业失败并不代表个人的无能或价值的缺失，重要的是保持良好的心态，勇敢地面对失败，并从中汲取力量，推动自己在创业道路上不断成长和进步。

### 三、教学评价方面

传统的心理健康和就业创业教育往往作为一门课程在学生的期末以专业知识的方式进行考察。这种考察方式只是考验学生是否掌握了书本对应的专业知识，并不能体现出学生在就业过程中的各项应变以及在创业过程中的整体表现。所以要着手优化心理健康与就业创业教育的基本形式，等学生毕业之后（无论就业还是创业），再对其整体的表现情况进行评价，这样做不仅可以考查学生对专业知识的学习情况，还可以为今后的课程教学调整起到参考和借鉴的作用。

（一）大学生就业心理评价

1. 评价学生的就业心态

对于评价学生在就业方面的心态，可以从以下几个方面进行。

（1）自信心态

考查学生是否对自己的能力和潜力充满信心，是否愿意积极拓展就业机会，面对挑战时是否能保持积极乐观的态度。

（2）成功动力

考查学生是否具备为了实现个人职业目标而努力奋斗、持续追求的动力，是否有扎实的学习基础和勇于创新的意识。

（3）适应能力

评价学生是否具备良好的适应能力，能否适应现实社会的竞争环境和工作要求，面对变化时是否能灵活调整自己的就业计划和策略。

（4）责任意识

评价学生是否具备正确的职业道德观念和高度的社会责任感，是否能够真诚关心他人、善于合作、尊重他人权益，并能够积极履行工作职责和社会义务。

（5）自我认知

评价学生是否能够客观认识自己的优势和不足，是否能够有计划地进行个人职业规划和发展，是否能够不断提高自身综合素质。

（6）创新思维

评价学生是否具备创新思维能力，是否能够在实际工作中灵活运用知识和技能来解决问题，并提出新的创意和解决方案。

2. 评价学生面临职场霸凌和不公的表现

面对职场霸凌和不公平的情况，评价学生应对方式可以从以下几个方面考量。

（1）自我保护与维权意识

评价学生是否具备自我保护和维护合法权益的意识，能否正确识别和分析职场霸凌和不公平现象，并通过合法途径寻求帮助和维权。

（2）沟通与解决冲突能力

评价学生是否具备良好的沟通和解决冲突的能力，是否能够积极与他人沟通交流，寻求解决问题的有效途径，并能够妥善处理与他人的关系。

（3）心理调适与抗压能力

评价学生在面对职场霸凌和不公平时的心理调适能力，是否能够正确应对挫折和压力，保持积极的心态和情绪，寻找合适的方式来缓解压力并保持健康的心理状态。

（4）职业道德与价值观

评价学生是否具备正确的职业道德观念和价值观，是否能够坚守原则，不忘初心，勇敢维护公平正义，并通过自己的行动诠释社会主义核心价值观。

（5）法律意识和情商

评价学生是否具备基本的法律意识，能否准确理解和遵守法律法规，是否具备一定的情商和社交能力，能否正确地处理职场关系，维护自身利益和权益。

当然，在评价学生应对职场霸凌和不公平的方式时，我们要注重引导学生树立正确的价值观，提倡和强调积极的解决问题的方法，鼓励学生通过合法途径寻求帮助和维权，并保护学生在面对困难时的隐私和权益。同时，我们也要加强对职业道德的培养和法律法规教育的引导，以提高学生在职场中应对困境和挑战的能力。

（二）大学生创业心理评价

1. 评价创业者的创业选择是否理性

首先，创业者的创业选择是否符合市场需求和商业机会是重要的衡量标准。创业者应该充分了解市场，并根据市场需求和趋势来选择创业方向，以确保自己的创业项目具有商业可行性和持续发展的潜力。

其次，创业者的创业选择是否建立在充分的市场调研和分析的基础上也是评价该选择是否理性的关键要素。创业者应该对目标市场进行深入的研究和了解，包括目标用户的需求、竞争环境、法规政策等因素，并从中获取充分的信息和数据支持，以便做出决策。

此外，创业者的个人能力和经验是否与所选择的创业项目相匹配也是评价创业选择是否理性的重要方面。创业者应该充分评估自身的技能、知识和经验，以及对所创业领域的了解程度。只有在有足够的能力和背景支持的情况下，创业者才能更好地理解和应对创业过程中的挑战和机遇。

最后，创业者的创业选择是否秉持着社会责任和道德规范也是评价该选择是否理性的一个重要方面。创业者应该积极践行社会主义核心价值观，遵守法律法规，关注企业的社会影响力和可持续发展，同时避免违背社会伦理和公共利益的行为。

综上所述，评价创业者的创业选择是否理性需要综合考虑市场需求、市场调研、个人能力和经验、社会责任等因素。只有在多方面的评估和分析基础上，创业者的创业选择才能被认为是理性的，具备成功的潜力和可持续发展的基础。

2. 创业者在应对困难时的表现

创业过程中，创业者面临着各种各样的困难和挑战，评价创业者在面对这些困难时的表现可以从以下几个方面进行评估。

首先，创业者是否具备坚定的信念和毅力。创业过程中常常会遇到失败、挫折和困难，评价创业者的表现需要看他们是否有坚定的信念和对自己创业项目的坚定信心。他们是否能够在困难面前保持乐观和积极的态度，并且持续不断地努力和追求自己的目标。

其次，创业者是否能够灵活调整策略和应对困难。创业过程中，市场环境和竞争形势可能会发生变化，创业者需要灵活调整自己的策略和战略，以应对困难和挑战。评价创业者的表现需要看他们是否能够积极寻找解决方案，主动学习和适应新形势，以保持竞争力和可持续发展。

此外，创业者是否善于团队合作和寻求支持也是评价创业者的表现的重要方面。创业过程中，创业者往往需要与合作伙伴、员工、投资者等各种利益相关者合作。评价创业者的表现需要看他们是否能够有效地与他人沟通合作，建立良好的人际关系，并善于寻求专业的支持和建议，以提升自己的创业能力和项目的成功概率。

最后，评价创业者在面对创业困难时的表现还需要综合考虑其是否遵守法律法规和遵循商业道德。创业者在解决困难和面对挑战时应该坚持依法经营，遵守商业道德和伦理规范，不能采取不正当手段或违法违规行为。

综上所述，评价创业者在面对创业困难时的表现需要综合考虑其信念和毅力、灵活调整策略的能力、团队合作的能力以及遵守法律法规和商业道德等方面。只有在面对困难时能够表现出坚定信念、灵活应对、善于团队合作以及合法经营和坚持伦理操守的情况下，创业者的表现才能够被认为是优秀的。

3. 评价创业者在面对创业失败时的表现

创业失败是创业过程中常见的一种情况，评价创业者在面对创业失败时的表现可以从以下几个方面进行评估。

首先，创业者是否能够正确对待创业失败，从中吸取经验和教训。创业失败并不意味着创业者的能力或价值有所缺失，而是创业过程中遇到了一些挑战和问题。评价创业者的表现需要看他们能否及时并且正确地认识创业失败的原因和教训，分析失败的根本原因，并且通过反思和总结经验，为未来的创业项目做好准备。

其次，创业者是否具备应对挫折和困难的积极心态和应对能力。创业失败可能会给创业者带来失落感、挫败感和压力，评价创业者的表现需要看他们是否能够保持乐观、积极的态度，并且能够迅速从失败中恢复过来。创业者应该具备应对压力的能力，找到积极的解决方案，积极调整自己的创业策略和目标，为未来的创业道路做好准备。

此外，创业者是否能够寻求专业的支持和建议也是评价其在面对创业失败时的表现的重要方面。创业者可以积极寻求专业人士、创业指导机构、投资者等的意见和建议，获得有关解决问题的思路和方法。他们应该对自己的不足和错误保持开放的心态，并且愿意接受他人的指导和帮助，以便更好地调整自己的创业方向和策略。

最后，评价创业者在面对创业失败时的表现还需要考虑其对社会责任和商业道德的遵守情况。创业者在面对失败时，应该依法经营，不采取不当手段或违法违规行为，始终保持诚信和道德操守，以便在未来的创业道路上赢得更多的信任和支持。

综上所述，评价创业者在面对创业失败时的表现需要综合考虑他们对创业失败的认知和反思、应对困难的心态和能力、寻求专业支持和指导的愿望，以及遵守法律法规和商业道德的情况。